CRIANDO CAMPEÕES

“Ensina à criança o caminho em que deve andar.”
Provérbios 22:6

CRIANDO CAMPEÕES

Uma receita infalível para pais e professores desenvolverem vencedores

COM DICAS E DEPOIMENTOS DE DIEGO HYPOLITO

William Douglas & Renato Araujo

THOMAS NELSON BRASIL

Rio de Janeiro
2008

Supervisão Editorial
Nataniel dos Santos Gomes
Assistente Editorial
Clarisse de Athayde Costa Cintra
Capa e projeto gráfico
Valter Botosso Jr
Foto da capa
Livio Campos
Fotos do miolo
Capítulos 1, 6, 7: Nilton Fukuda; Capítulo 2: Wilton Junior;
Capítulos 3, 4, 5: Eduardo Nicolau; Capítulo 8: Patricia Santos;
Considerações finais: Fabio Motta. Todos da Agência Estado/AE.
Revisão
Margarida Seltmann
Cristina Loureiro de Sá Neves Motta
Joanna Barrão Ferreira
Diagramação
Julio Fado

CIP-BRASIL. CATALOGAÇÃO NA FONTE
SINDICATO NACIONAL DOS EDITORES DE LIVROS, RJ

S239c

Santos, William Douglas Resinente dos, 1967-
Criando campeões: uma receita infalível para pais e professores desenvolverem vencedores/William Douglas, Diego Hypolito e Renato Araujo; [prefácio Lars Grael]. - Rio de Janeiro: Thomas Nelson Brasil, 2008.

"Com dicas e depoimentos de Diego Hypolito"
ISBN 978-85-6030-388-5

1. Crianças - Formação. 2. Sucesso - Aspectos psicológicos. 3. Auto-realização (Psicologia). 4. Pais e filhos. 5. Professores e alunos. 6. Hypolito, Diego, 1986 - Entrevistas. I. Hypolito, Diego, 1986-. II. Araujo, Renato. III. Título.

08-1435. CDD: 649.1
CDU: 649.1

Rua Nova Jerusalém, 345 — Bonsucesso
Rio de Janeiro — RJ — CEP 21402-325
Tel.: (21) 3882-8200 — Fax: (21) 3882-8212 / 3882-8313
www.thomasnelson.com.br

PREFÁCIO

O tema deste livro é uma grande escolha, pois reúne a um só tempo o esporte e a infância. Eu, como esportista, posso afirmar que, se não fosse a influência da minha família, a paixão ancestral dos meus antepassados pelo mar e o apoio constante dos meus pais, tios e avós certamente eu não teria alcançado os resultados que alcancei.

A preparação de um atleta de alto nível e por analogia, de um cidadão de alto nível, de um profissional de alto nível, pressupõe uma boa dose de dedicação, de comprometimento e de força de vontade. No esporte, como na vida, é preciso saber superar os momentos mais difíceis — o desânimo, a frustração, o cansaço — e acreditar sempre que é possível vencer, melhorar, progredir.

Os autores, com suas experiências tão diversas quanto complexas, oferecem ao leitor um panorama amplo do que pode ajudar um filho a ser um vencedor. Inovador, no sentido que reúne o aspecto intelectual e o desportivo, o livro traz um amplo corolário de experiências, dicas, conselhos e ações que podem ser determinantes no futuro do seu filho.

Certamente a criação de um filho é um desafio muito grande para ser esgotado em qualquer obra. Mas seguramente existem maneiras melhores ou piores de fazê-lo. Em um mundo competitivo e exclusivo como o que vivemos hoje, é sempre bom ter à mão noções que possam nos orientar nesta jornada. Esta obra é pelo menos um farol em meio à noite escura. Um auxílio à navegação, em águas, às vezes calmas, outras vezes turbulentas. Espero que o leitor possa desfrutar de bons momentos nesta leitura e possa usar este livro no cotidiano com seus filhos.

Boa leitura!
Bons ventos!

LARS GRAEL
Velejador — Campeão Olímpico

DEDICATÓRIAS

Para Jesus, meu patrocinador, incansável e perfeito, na corrida pelo tempo e mundo.

Para Luísa e Lucas, medalhistas de todas as competições pelo meu coração, e eternos desafios para eu ser bom pai, professor, técnico e torcida.

Para Giordano Bruno, Jônatas Levi, Milene, Gabriel, Natália e Pedro, com carinho.

Para Nayara, que me tem feito par no trapézio da vida.

WILLIAM DOUGLAS

Para Érika e Sofia, que são as minhas melhores conquistas: minha maior felicidade é poder dividir meus bons momentos com minha família.

Para Diego Hypolito e Victor Rosa, que já estão comigo há 13 anos.

RENATO ARAUJO

AGRADECIMENTOS

Os autores agradecem a Isabela, anfitriã no carnaval de 2004, quando se conheceram e surgiu a idéia deste livro. E a todos os amigos que lá estavam, em Teresópolis, por criarem o clima amistoso e agradável que fez surgir as boas idéias. Valeu, Nayara, Isabela, Juliana, Fernanda, Érika, Sofia, André e Luciana, André e Núbia, Susana, Maurício, Daniel, Curuca, Aldo e Rose, Sui, Mateus e Rafael. Um agradecimento especial para Hélio Hasselmann, o "Curuca", atleta e técnico de iatismo, 7 vezes campeão brasileiro, que participou da primeira fase da produção deste livro e contribuiu grandemente com sua experiência, sugestões e idéias. Agradecemos, ainda, à psicóloga Tânia Froes pela leitura dos nossos originais e sugestões, as quais melhoraram o resultado final.

Também agradecemos a Fabíola Yañez, Saul Nigri, Nayara, Marcos Roque, Priscilla Ortiz e a todos os que de alguma forma contribuíram com a edição deste livro.

Aos meus técnicos de Judô, que me fizeram gostar da arte e até chegar a algumas medalhas nas competições da Universidade Federal Fluminense (UFF). A Rodrigo, técnico que me preparou para a maratona de Curitiba. A Leandro, personal trainer, pelo tempo que trabalhamos juntos, e a Marlon Paulo, meu atual personal trainer. Por fim, a Aracele e Cristina, massoterapeutas.

Aos professores, vários, que, com elogios, carinho, broncas e advertências, fizeram-me caminhar à frente.

William Douglas

Para meus pais, Ronaldo e Maria Augusta; meus irmãos Ronaldo, Suzana e Ricardo; e minha família como um todo.

Para Mario Thomas, que me viu saltar uma vez e me convidou para treinar ginástica olímpica, sem saber que estava mudando toda a minha vida. Para Ulisses Leão, Sergio Jatobá, José Carlos Eustaquio, Aureliano do Carmo, que ajudaram a me formar.

À Confederação Brasileira de Ginástica (CBG), ao Clube de Regatas do Flamengo, e a todas as pessoas que ajudam no desenvolvimento da Ginástica em nosso país.

RENATO ARAUJO

"Ninguém é tão grande
que não possa aprender,
nem tão pequeno que
não possa ensinar."

Voltaire

SUMÁRIO

capítulo 1

Como começar?

Este livro foi escrito por dois pais que são professores e lidam diariamente não só com seus filhos, mas também com enorme quantidade de filhos de outras pessoas. Pessoas que nos honram com a confiança de sermos professores da maior bênção que alguém pode ter: filhos. Também costumamos lidar com seus pais, seja diretamente, seja ao servir como ouvintes do que naturalmente os filhos comentam a respeito dos pais e da participação deles em suas vidas.

Nossa intenção é ajudar você, pai ou professor, com nossa experiência. O objetivo principal é fazer de seu filho alguém mais pleno e feliz. Se ele for um campeão, melhor, mas para isso a ajuda de pais e professores é essencial.

A sua pergunta deve ser uma das seguintes:

"Como começar?"
"Eu não sei nada. Que posso fazer?"
"Como ajudar meu filho?"

ESPORTES

10 passos para iniciar seu filho na vida esportiva

1º passo
Motivação prévia
2º passo
Começando a praticar
3º passo
Esporte é saúde
4º passo
Criança gosta de brincar
5º passo
Tudo tem sua hora
6º passo
Quem escolhe o esporte é seu filho
7º passo
Participe!
8º passo
Incentivo, elogio e crítica
9º passo
Pais em excesso/Pais em falta
10º Passo
Dando atenção

Primeiro passo

Motivação prévia

Incentive seu filho a gostar de esportes. Para isso, assista aos programas esportivos na TV junto com ele, ou leve-o a jogos ao vivo, como campeonatos etc. A prática de esportes o ajudará a se tornar uma pessoa melhor, mais saudável e segura. Você é o maior exemplo para o seu filho: ele vai querer fazer o que você estiver fazendo. Se você praticar alguma atividade física, certamente vai servir de estímulo. Participe do trabalho comunitário com o propósito de criar condições para a prática de esportes em seu bairro ou cidade. Indague ao prefeito, vereadores, deputados, sobre a criação e manutenção de programas (locais, professores, verbas, meios) para a prática de esportes. Participe e peça aos políticos para ajudarem nisso.

Segundo passo

Começando a praticar

Qualquer que seja a idade do seu filho, o primeiro passo é fornecer-lhe algum esporte para praticar. Para tanto, use a quadra do bairro, atividade extra no colégio, alguma vila olímpica, academia, clube ou escolinha.

Terceiro passo

Esporte é saúde

Conscientize-se de que o esporte não tem como fim principal uma medalha de ouro ou campeonato mundial. O esporte evita problemas de saúde, e pode ajudar seu filho a não se envolver com drogas e más companhias. O esporte também desenvolve a disciplina, o corpo e a mente do atleta. Além disso, e talvez o mais importante, ele prepara o atleta para as dificuldades da vida, ampliando sua capacidade de suportar as frustrações, e desenvolvendo o espírito de equipe e companheirismo.

Quarto passo

Criança gosta de brincar

Seu filho deve começar a vida esportiva vendo-a como uma forma de diversão e brincadeira. Esporte é prazer: não deixe seu filho achar que é um "peso", obrigação ou uma fonte de broncas, aborrecimentos e cobranças.

Quinto passo

Tudo tem sua hora

Não queira que ele já comece como um campeão. Muitos campeões desabrocham mais tarde. Caso ele erre, incentive-o. Se seu filho for um talento, você lhe fornecerá clubes especializados e a melhor academia; se não for, mantê-lo nos esportes vai ajudar a desenvolver seu caráter para toda a vida. Todo começo é apenas o início de um processo; não o atropele!

Sexto passo

Quem escolhe o esporte é seu filho

Quem deve escolher a modalidade esportiva não é você, mas seu filho. Mesmo que você prefira que ele jogue futebol ou vôlei, respeite-o caso ele queira participar de outra modalidade. O Brasil está crescendo em diversas modalidades menos conhecidas. Talvez seu filho tenha nascido para elas. Ele escolhe o caminho que preferir. Torça!

Pergunte aos professores/técnicos qual seria a melhor indicação de esporte para seu filho praticar. Às vezes, as características físicas e pessoais que contra-indicam um esporte vão recomendar outro em que seu filho vai se adaptar melhor.

Pergunte no clube ou escolinha se eles permitem uma ou duas aulas gratuitas para seu filho. É uma forma de começar a ver o que ele gosta.

Sétimo passo

Participe!

Um dos maiores privilégios para um pai é participar da vida de um filho. Dinheiro, medalhas e patrimônio são úteis, mas a maior herança para ele são as lembranças dos momentos que vocês passaram juntos.

Não falamos ainda da parte financeira, do "pai-trocínio". Uma das funções dos pais é dar apoio financeiro, na medida de suas possibilidades. Se você tem dificuldades, a boa notícia é que cada vez mais as empresas e os governos estão dando apoio ao esporte.

Tranqüilize seu coração e veja as alternativas: aulas gratuitas, atividades sociais, descontos nas mensalidades, e assim por diante. O mais importante não é o dinheiro: é o seu interesse por seu filho.

Oitavo passo

Incentivo, elogio e crítica

Elogie seu filho e mostre que você aprecia, mais que a vitória, o fato de ele praticar esportes, seu esforço e determinação. Incentive-o não a vencer, mas a se aperfeiçoar. A vitória é conseqüência do treino, do aperfeiçoamento e de alguma sorte. Mostre a seu filho que você gosta dele, qualquer que seja o resultado. E... critique-o! Vez ou outra ele vai desanimar, enrolar, ficar com preguiça, querer desistir, ficar com medo, envergonhar-se por algum resultado ruim. Nessas horas, ele vai precisar de sua voz firme, corajosa e amiga para fazer com que ele tenha coragem, que faça o que deve ser feito, que recomece, que treine mais, que não desista. Seu filho realmente espera que você lhe dê alguma disciplina. Desde que sem exagero ou ofensas; um aperto ou bronca pode ser muito bom.

Estimular a autocrítica. O ser humano diferencia-se dos outros animais pela capacidade de auto-observação. É o único ser que presencia a si mesmo enquanto age.

Estimular a auto-estima. Estimar é dar um valor aproximado a algo. Ninguém melhor que a própria pessoa para dar valor mais ou menos exato a si mesmo. Estime bem o seu filho, e ele entenderá que tem valor.

Nono passo

Pais em excesso/Pais em falta

Pais em excesso — Excesso de pressão não é bom para seu futuro atleta. Você pode acompanhá-lo em alguns treinos, mas não é bom que vá a todos. Um filho pode sentir-se pressionado pela presença constante do pai nos treinos. Vá às competições e lhe dê apoio, mas cuidado para não cobrar resultados expressivos. Seu filho não vai ter você ao lado dele para sempre: é preciso deixá-lo treinar a importante lição de se virar sozinho. Seu atleta necessita de espaço para amadurecer. E lembre-se: para amadurecer a pessoa precisa errar. O erro é parte do processo de aprendizado. Pais em excesso não admitem erros; pais na medida certa apóiam os filhos e fazem com que eles cresçam e amadureçam com a experiência da derrota, do erro e do insucesso. Errar vem do latim *errare*, ou seja, aquele que erra é um errante, alguém que vagueia, um nômade. A idéia de conhecer novos caminhos não pode ser tida como algo negativo. Caminhar envolve "errar". Só erra quem faz.

Pais em falta — Todo filho gosta e precisa da aprovação dos pais. Tão improdutivo quanto pressionar seu filho é esquecê-lo. Seu filho precisa que você esteja presente pelo menos de vez em quando. Por mais dificuldades, tarefas ou obrigações que você tenha, esteja presente nas competições ou momentos mais importantes. Apareça em algum treino. A atenção dispensada será a que ficará marcada na memória dele. Afinal, como queremos ser lembrados?

Décimo passo

Dando atenção

É importante estar atento ao que o seu filho pensa, sente, fala, faz, ao seu desenvolvimento e ao seu comportamento. Converse e pergunte, preste atenção no que seu filho faz e diz.

O apoio básico

Seguindo essas dicas básicas, certamente você estará dando apoio emocional para seu filho ser um vencedor. E esta primeira parte resume tudo o que achamos de mais importante para pais e professores. Se você aplicar o que escrevemos aqui, será participante excelente, e colaborador precioso, no sucesso de seu filho. Porém, o mais fundamental será o seu amor. Sua intuição amorosa guiará seus procedimentos.

ESTUDO

Em princípio, parecemos estar falando das mesmas coisas, mas o estudo merece algumas especificações.

1º passo
Motivação
2º passo
Criança gosta de brincar
3º passo
Precisamos respeitar o tempo de nossos filhos
4º passo
Quem escolhe a profissão é seu filho
5º passo
Participe!

Primeiro passo

Motivação

Estimule seu filho a gostar de ler e estudar. É preciso que o estudo divida o lazer e as brincadeiras na atenção de uma criança. Existem livros e fitas educativas compatíveis com a sua faixa etária. Providencie brincadeiras e jogos educativos. Tente separar tempo para atividades intelectuais ou criativas. Se você tem por hábito a leitura, ele vai querer ler também. Se você ler com ele alguma revista ou livro compatível com a idade e o interesse dele, então será perfeito. Desta forma, você estará participando.

A motivação calca-se num tripé de verbos: querer, poder e precisar. Estimular a criança a estudar é levá-la a querer, a poder, e à noção de precisar.

Saber e sabor têm a mesma origem etimológica, o saber dá sabor à vida. O estudo é o caminho mais seguro para a pessoa ter segurança, trabalho e dinheiro. Faça-o perceber que mesmo os atletas e artistas precisam ter algum conhecimento, até mesmo para administrar suas carreiras e salários. Coloque o estudo como uma atividade essencial: ninguém pode deixar de estudar. Estudar é um direito e um dever de seu filho!

Mais importante que os valores a serem transmitidos a seus filhos e alunos, será a noção de significado do estudo. Fique perto e converse com ele sobre o valor da leitura e do estudo.

E se meu filho não gosta de minha companhia?

Bem, nesse caso, vocês estão precisando urgentemente descobrir o que está "pegando" entre vocês. O que está afetando o relacionamento? Excesso de cobranças, falta de diálogo? Descubra o problema! Acreditamos que a partir do momento em que você estiver mais aberto e tentar maior contato, as coisas vão melhorar e será uma questão de tempo perceber os frutos de seu esforço.

Segundo passo

Criança gosta de brincar

Assim como o esporte, permita que seu filho participe de atividades, brincadeiras e jogos que estimulem a atividade cerebral, o raciocínio e a criatividade, sempre compatíveis com a idade dele.

O prazer deve estar presente nas atividades que exijam inteligência, raciocínio, criatividade. Lojas de brinquedos, videoclubes e livrarias possuem indicação da idade recomendada para cada atividade. Saber é lúdico quando prazeroso.

Se o estudo for apenas uma obrigação e fonte de broncas, aborrecimentos e cobranças, seu filho vai fugir dele. Ele merece estudar, não só precisa, mas principalmente *merece*.

Terceiro passo

Precisamos respeitar o tempo de nossos filhos — tudo tem sua hora

Para seu filho ter sucesso nos estudos, basta ter seu apoio. Desse modo, ele irá se desenvolver naturalmente.

É comum que as pessoas tenham facilidade em algumas matérias e tenham dificuldade em outras. Não exija que seu filho seja bom em tudo, pois, afinal, nem você era. Realce o valor dele e elogie-o nas matérias em que ele for bem e tente ajudar nas outras. Como? Acompanhe os exercícios dessa matéria, providencie alguma aula extra, consulte os professores e a direção do colégio para ver o que pode ser feito (Ex.: aula de reforço).

> Tente demonstrar ao seu filho que ele pode se aprofundar nas matérias que prefere, mas que, para "passar de ano", vai precisar de um nível mínimo em todas as matérias. São as regras do jogo...

Quarto passo

Quem escolhe a profissão é seu filho

Quase todos os pais desejam que seu filho siga esta ou aquela profissão (ou a profissão que têm, a que acham bonita, ou, a profissão que queriam e não seguiram). Contudo, como a vida é de cada um, ele é quem deve escolher qual a profissão a seguir, de quais matérias gosta e em quais vai se aprofundar. História nós não herdamos. Cada ser é um livro, ninguém é capítulo da história do outro. Dê espaço para ele: motive-o a se desenvolver naquilo de que gosta. Caso contrário, o máximo que você vai conseguir é desmotivá-lo: ele não fará o que deseja, nem o que você gostaria. Seu filho será um meio do caminho, ele será um impasse, um ser perdido entre dois desejos.

Em resumo, seu filho tem capacidade e deve escolher o próprio caminho. Você é chefe da torcida e uma espécie de colaborador privilegiado, não o ator principal.

Quinto passo

Participe!

Como já dissemos, seu privilégio é participar da vida de seu filho. Você pode participar de momentos especiais e ajudar a construir um adulto de caráter, feliz e bem resolvido. Para tanto, incentive-o, abrace-o, beije-o e não perca nenhuma oportunidade de elogiá-lo. Seja afetivo e efetivo.

É importante exercer disciplina quando precisar. Sem exageros, sem ofensas físicas ou verbais, indicando o que deve ou não ser feito. O ser humano precisa ser orientado, e quando necessário, disciplinado em sua formação. Os filhos precisam de limites, e a disciplina é uma das estratégias das quais os pais dispõem.

A arte de criar filhos para o sucesso é a arte de estar presente na medida certa: nem de mais, nem de menos, caminhando entre dois extremos indesejáveis: autoritarismo e permissividade. O filho quer o apoio e a segurança dos pais, mas também precisa aprender a caminhar sozinho. À medida que ele cresce, você precisará dar espaço para ampliar o próprio território de vivências.

Companhia e Solidão

Seu filho precisa de sua companhia... e de aprender a se virar sozinho.

Um dos maiores aprendizados que deixamos a um filho é a noção de *solidão.* Não é por acaso que as palavras *solidão, sólido* e *solidariedade* começam com o mesmo radical: solid.

O que o ser humano tem de mais sólido é a própria solidão. Essa noção nos permite ser *solidários* muito mais do que generosos.

Solidários são os pais (e todos os seres) que reconhecem que no âmago da própria solidão cada um de nós determina os próprios passos. Nascemos sós, morremos sós. Durante o percurso de uma vida, podemos prometer quase tudo aos filhos, exceto duas coisas: que não morreremos ou que viveremos por eles. Filhos não são metáforas, são metonímias.

Filhos não são como nós. É como se fossem. Na metáfora, você compara: uma coisa parece com outra ("Fulano é igual a Sicrano"). Na metonímia, não. Nela, você diz: "Fulano tem isto do Sicrano", o que permite ao seu filho determinar sua própria individualidade.

A angústia do "quão perto ficar", ou do "quanto tempo ficar" de seu filho, não deve — nem adiantará — ser substituída pelo medo. O medo nos iludirá a respeito de situações; angústia é estrutural, compõe este lugar de pais. Como diria Vinícius de Morais, no "Poema Enjoadinho": "Filhos: melhor não tê-los! Mas se não os temos, como sabê-los?"

É difícil ser pai, portanto, relaxe.

Quando deixar seu filho sozinho, deixe claro também que confia nele e que ele pode e deve, aos poucos, ir aprendendo a cuidar de si mesmo.

Acompanhe as notas de seu filho, tentando não parecer o capataz de uma fazenda de escravos, nem o papai ou mamãe bonzinhos que aceitam qualquer coisa. Muitas vezes, você terá que mostrar a seu filho que ele precisa estudar mais ou melhor.

É importante observar o que anda acontecendo com seu filho. Converse com ele sobre os problemas no colégio, seus sonhos, seus desejos profissionais etc. E, para conseguir isso, dê liberdade ao seu filho para que ele possa conversar com você. Acompanhar boletins, ler redações ou trabalhos e comparecer, pelo menos, a alguma reunião para pais é recomendado.

Estabeleça algumas metas razoáveis para seu filho cumprir no colégio e elogie-o quando ele as alcançar.

Bibliotecas públicas ou de escolas: o caminho para o acesso aos livros

Os livros ainda são caros para boa parte da população. Não podemos deixar as crianças sem acesso a eles devido a isso. A melhor solução é a organização da comunidade.

Procure, através de políticos, empresários e representantes da comunidade, apoio para que as bibliotecas públicas e as das escolas sejam bem estruturadas, tenham uma boa quantidade de livros, e que livros novos sejam comprados e doados regularmente. Se para as pessoas os livros são caros, para o governo e as empresas montar e manter uma boa biblioteca é bem mais barato. Bibliotecas de boa qualidade são tão importantes quanto asfalto, escola, postos de saúde, água e esgoto. De nada adianta uma cidade bonita com crianças sem oportunidade de estudo e crescimento.

Nas bibliotecas, o ideal é que haja assinatura de revistas, acesso a Internet (obviamente com controle de páginas a serem acessadas, as educacionais) e que os livros e revistas sejam organizados por profissional habilitado, de acordo com a idade dos leitores.

Conclusão

Esta foi apenas uma conversa rápida e inicial, tocando em pontos importantes e básicos. A grande maioria dos atletas e alunos com problemas, alguns bem sérios, são vítimas de erros facilmente evitáveis, por falta de orientação dos pais e/ou professores. As orientações dadas são uma boa forma de tentarmos evitar problemas por falta de elementos importantes como auto-estima, autoconfiança, equilíbrio emocional e psicológico, motivação, persistência, coragem e dedicação.

Certamente, ler orientações como essas já é um grande passo quanto ao bem-estar de seu filho. Agora já podemos conversar com mais calma sobre esses e outros temas.

> "Excelência é o resultado de importar-se mais do que os outros pensem ser prudente, arriscar mais do que os outros pensem ser seguro, e ter maiores expectativas do que os outros pensem ser possível."
>
> (anônimo)

Com a palavra Diego Hypolito

Desde pequeno, Diego Hypolito era um menino cuja cabeça era mil vezes mais veloz do que o próprio corpo. Isso lhe rendeu até 15 pontos em vários lugares da cabeça e uma enorme força que o impulsionou ao tablado — o palco de sua arte, a ginástica — de forma excepcional. O talento foi a base na qual ele fez a plataforma que o transformou em vencedor.

"Eu faço ginástica desde os sete anos de idade. No começo, era uma grande brincadeira. Não tinha noção do que era. Depois aquilo se tornou a minha vida. O esporte é, na realidade, a minha vida. A minha família é meu coração, aquilo que eu amo. Mas passo mais tempo com meu treinador, Renato Araujo, do que com a minha família. Fico no ginásio das 7h15min da manhã até as 7h da noite, de segunda a sexta-feira. No sábado, fico só de manhã. E viajo o ano inteiro. Fico mais de seis meses fora do Rio de Janeiro, onde moro atualmente. A vida é cheia de obstáculos, cheia de coisas ruins e coisas boas. Se não souber passar por cima desses obstáculos com a cabeça erguida, não vai dar certo. Se eu for pensar assim: "Esse vai ser um ano difícil, terei que treinar muito, vou ter dor...", não vai dar certo. Este ano vai ter muito treinamento, mas vai ser muito bom, em busca do meu sonho.

Dificuldades todo mundo tem. Temos que superar os obstáculos para alcançar os objetivos. Você tem que ter metas. Se não tiver metas, não pode alimentar o sonho de alcançar seus objetivos. Cada conquista pequena para nós, atletas, é muito grande. Quando você aprende um elemento da ginástica simples, aquilo no momento do treinamento é uma vitória. Ninguém vê. É uma coisa dos bastidores. Existe um clima de cooperação entre os atletas, dando dicas. Nós somos uma família. Temos os mesmos sonhos de conquistar títulos. Eles treinam tanto como eu. Cada um dentro do seu limite."

Diego
Hypolito

RIO 2007

capítulo 2

Pais e professores

ATORES IMPORTANTES

Em nossa experiência como professores e em nossas respectivas áreas de atuação, lidamos constantemente com pessoas, desde meninos e meninas até idosos, e sempre percebemos como pode ser pequena a diferença entre pessoas bem-sucedidas e malsucedidas.

A DIFERENÇA muitas vezes se dá pelo comportamento de pais e professores. Assim, saiba que sendo pai ou professor, você é um ator importante no desenvolvimento pessoal e profissional de seu filho ou aluno. Você pode contribuir para que seu filho e/ou aluno vivam experiências de sucesso... ou de fracasso.

Se você é pai ou mãe, ou se convive diariamente com alguma criança ou adolescente como enteado, neto, sobrinho, ou situação semelhante, você vai influenciar o futuro dessa pessoa. Quer queira ou não queira! Não existe opção: se você tem autoridade ou convívio familiar, você será espelho para o bem ou para o mal. É importante saber como queremos ser lembrados, ou, ainda, que sementes queremos lançar.

Se você é professor, pode ser que passe despercebido ou que não influencie a vida de seu aluno. Isto seria um desperdício. Faça a diferença! Porém, na maioria das vezes, você vai influenciar sim. O previsível será que os alunos olhem para você como um exemplo e o sigam. E o seguirão mesmo que você seja um exemplo ruim, pois, afinal, você é o professor! As coisas que você diz ou faz, e a forma como os trata, influenciarão grandemente o destino daqueles projetos de adultos que estão sob sua responsabilidade. O ser humano é o único ser que tem embutido em seu presente o projeto de seu futuro.

Por isso, pelo bem desses seres em formação, e do mundo no qual todos vivemos, temos que fazer o possível para que nossos exemplos sejam positivos e que a semente boa seja plantada.

Nesse sentido, é muito importante que os pais estejam atentos à educação de seus filhos e que o professor esteja sempre estudando para que possa transmitir o que há de melhor no mundo. A velocidade do conhecimento e as mudanças no planeta não permitem que um professor deixe de ler e estudar.

Pais e professores são arquitetos e engenheiros dos filhos e dos alunos.

Os campeões, os vencedores, são construídos sobre confiança em si mesmos e disposição (motivação) para enfrentar as dificuldades da vida. Isso se aplica quer as dificuldades estejam numa quadra, numa prova ou num dia rotineiro de trabalho.

Embora o sucesso na profissão, nos esportes ou no estudo seja resultado de um projeto de longo prazo, detalhes, palavras e atitudes certas em momentos críticos são ferramentas poderosas para transformar medo em coragem, derrota em vitória, desânimo em garra... ou o contrário.

Crianças e jovens esperam que as pessoas mais velhas, com as quais convivem, as orientem e ajudem a superar dificuldades e obstáculos.

Quando os mais jovens descobrem que são capazes de vencer, desde que sigam as regras básicas da vitória, tornam-se campeões naquilo que escolhem, sem que sejam necessárias medalhas ou prêmios. Medalhas e prêmios são conseqüências, não devem ser o objetivo principal.

Ensinar o caminho da vitória é uma arte rara e preciosa. Ela exige equilibrar amor e rigor, carinho com cobranças, tolerância com disciplina, firmeza com suavidade. Por mais que pareça difícil, é assim que se constroem verdadeiros vencedores, pessoas com auto-estima, confiança e senso de valor próprio.

Não existem fórmulas prontas e tudo tem sua exceção. Esperamos, contudo, que você esteja atento, ciente de que é um ator importante para que este filme — o filme da vida de seu aluno ou filho — tenha um final feliz. Aliás, que seja todo ele um filme feliz, mesmo nas horas difíceis, tristes e insatisfatórias. Afinal, felicidade não é sinônimo de alegria, nem de satisfação. Como já dissemos: "Felicidade não é o resultado das circunstâncias, mas de como você lida com as circunstâncias."

ATORES COADJUVANTES

Os pais, como todos os seres, constroem em suas fantasias um filme, um enredo para os filhos. Mas é ilusão pensar que eles nasceram para serem meros personagens de nossa fantasia. Damos a esses pequenos seres nomes, não a vida inteira. Por mais que você queira que seu filho ou aluno seja um campeão, entenda que isso não depende de você. O máximo que você pode fazer é ajudar ou, pelo menos, não atrapalhar.

Pode parecer duro, mas é a verdade: você é um ator importante, mas é apenas um ator coadjuvante. Como dito, seus filhos não são seus: são filhos da ânsia da vida por si mesma, nas palavras de Kalhil Gibran*. Eles são deles mesmos, são da vida. O máximo que nós, pais, podemos fazer é ficar perto e aproveitar para participar de algumas cenas. Eles não herdam nossas histórias, escrevem as próprias.

Quando pais ou professores são bons coadjuvantes, o filme pode merecer um Oscar. Quando tentam assumir a função de atores principais, estragam o filme e o desempenho dos filhos e alunos.

Assim, entenda que só é possível ajudar, não é possível fazer no lugar do filho; aconselhar, não decidir; assistir e torcer, jamais jogar. Ser como ele, e não ser por ele.

Você tem seu próprio jogo, em que é o ator principal: a sua vida. Cuide bem dela, aproveite-a. O que não pode acontecer é você querer viver uma segunda vida, usando o corpo de seu filho. A gente sabe que

* "Seus filhos não são seus filhos. / Mas sim filhos e filhas do anseio da Vida por si mesma. / Eles vêm por meio de vocês, mas não provêm de vocês, / E embora estejam com vocês, não lhes pertencem. / Vocês podem lhes dar seu amor, mas não seus pensamentos, / Pois eles têm pensamentos próprios. / Podem abrigar seus corpos, mas não suas almas, / Pois as almas deles residem na morada do amanhã, que vocês não podem visitar nem mesmo em sonhos. Vocês podem se esforçar por ser como eles, mas não busquem moldá-los à sua própria imagem. Pois a vida não retrocede, nem se demora no ontem. Vocês são os arcos dos quais seus filhos são lançados como flechas vivas. O Arqueiro divisa o alvo na trilha do infinito, e retesa o arco por Seu poder para que Suas flechas possam seguir rápidas e voar longe. Que vocês cedam de bom grado à mão do Arqueiro; Pois da mesma forma que Ele ama a flecha que voa, ama também o arco que fica."
(*O profeta*, Khalil Gibran,)

é tentadora a chance de viver uma segunda vida (aquela que a gente não viveu...), mas isso — além de impossível — seria o pior dos egoísmos.

Todos adoraríamos ter um filho campeão, vencedor, famoso etc. Contudo, chegar ao topo exige talento, esforço e decisões tão custosas que só a própria pessoa pode optar por isso. É seu filho ou o seu aluno quem deve decidir se quer pagar o preço do topo. Você só pode dar suporte e apoio para que eles decidam.

Que você prefere? Que seu filho seja um campeão ou que seja feliz? Às vezes, seu filho será mais feliz andando por caminhos muito diferentes dos que você planejou para ele... mas, afinal... de quem é a vida de seu filho?

Não queremos parecer severos, mas o egoísmo e a insensibilidade dos pais e professores são a causa de muitas carreiras frustradas e vidas infelizes.

Todo pai ou mãe adoraria poder escrever a história de seu filho. Todo professor ficaria mais à vontade se pudesse redigir quais seriam os resultados de seus pupilos. Contudo, não é este o mundo real em que vivemos. Os filhos e alunos devem ter o direito de escolha; pode ser que em determinados momentos eles se prejudiquem ou se arrependam de uma decisão tomada, contudo, apesar de os conselhos serem necessários e imprescindíveis, eles têm de arcar com as conseqüências de suas escolhas quer sejam boas, quer sejam ruins. Isso é o que prepara para a vida. Esteja ao lado, dando sempre o suporte necessário, mas respeite a individualidade de seu filho.

Repetindo: apenas o próprio filho ou aluno pode escrever a história dele. Pais e professores são atores coadjuvantes. Não são atores principais, nem roteiristas.

O sucesso, em boa parte dos projetos, depende de talento inato ou de esforço especial. Assim, nada garante que seu filho ou aluno será um sucesso, pelo menos como a sociedade vê e exige das pessoas: o topo, o tempo todo.

> Escolha ser ator coadjuvante, ajudar e — com todas as suas forças — decida que vai deixar seu filho ou aluno viver a vida dele e fazer as próprias escolhas.

Com a palavra Diego Hypolito

Filho de uma ex-lavradora de café e de um operário, Diego recebeu dos pais a maior herança: valores que o ajudaram a levar a bandeira do Brasil ao pódio, como bicampeão mundial de ginástica.

"Meus pais são a base de tudo. Ensinaram-me a ganhar e a perder. A saber ganhar e a saber perder. A vida não é só de vitórias. A vida é mais de derrotas do que de vitórias. Perdemos muito mais do que ganhamos. Em um treinamento, eu chegava triste, às vezes, achava que não ia conseguir, minha mãe me acalmava. A base da minha família é a minha mãe. É a pessoa mais pé no chão que há na família. Ela é o comando. Se não fosse ela, e meu pai também, eu não teria conquistado isso. Muitas vezes, o sucesso sobe à cabeça e o tombo se torna enorme, se não se tem uma base familiar. Minha mãe trabalhou mais de 15 anos na roça. Poderia ser a pessoa mais cabeça fechada, porém não é. Ela sabe que o mundo está cada vez mais cheio de coisas novas. O mundo cresce, e a gente não sabe se adaptar. Minha mãe soube se adaptar a cada momento e soube me ensinar a ter tranqüilidade. Ela mora em Curitiba, e eu falo com ela, no mínimo, duas vezes por dia, para ela resolver meus problemas. Resolve tudo. Tem acesso total às minhas contas; e ainda me orienta. Se eu não tivesse minha mãe e meu pai, certamente tudo isso que acontece na minha vida não teria acontecido.

O esporte proporciona à criança saúde, e a ajuda a ser disciplinada. Eu era a criança mais arteira que existia. Minha mãe conta milhões de histórias minhas."

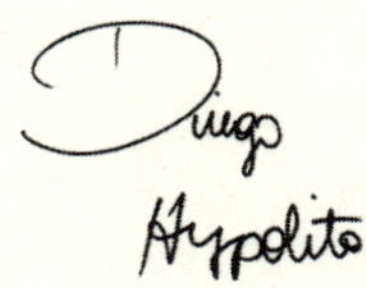

capítulo 3

A medalha que todo atleta deseja

A sociedade exige que sejamos altos, fortes, esbeltos, ricos, simpáticos, primeiros colocados em tudo. Você mesmo já deve ter sofrido com essa ditadura, não? Pois bem, é sua função proteger seu filho ou aluno dessa cobrança exagerada e absurda.
A melhor forma de NÃO fazer de seu filho um campeão é exigir que ele seja um campeão.

CONFIANÇA

O que todo filho ou aluno precisa para prosseguir, para fazer suas escolhas, para fazer o que gosta e para ter sucesso nelas é de aceitação. Se o pequeno atleta ou estudante achar que só será aceito, amado ou respeitado se for o primeiro colocado ou tirar a maior nota da escola, isso será péssimo em todos os sentidos.

As três reações mais comuns nesse caso são as seguintes: rebeldia; apatia; se esforçar e conseguir o que os pais querem. No terceiro caso, você pode até ter um campeão, mas ele estará frustrado e infeliz, e essa mágoa um dia certamente será cobrada. Você não é a régua que mede seu filho; ele é do tamanho que é.

A pressão por resultados pode fazer o rendimento do atleta cair, sua auto-estima será sacrificada, o prazer pelo esporte ou estudo será diminuído... e ele sentirá como numa arena onde ou é o melhor do mundo ou será comido por um leão, ou crucificado.

Ninguém de bom-senso deseja isso, muito menos para um filho ou aluno.

Lembre-se de que, quanto mais tranqüilo e seguro seu filho estiver, mais fácil será para ele melhorar seu desempenho.

Se ele tiver talento, e você lhe der o apoio possível, ele aparecerá naturalmente. Se ele não tiver tanto talento e quiser compensar isso com mais treino ou esforço (numa decisão pessoal), é bem provável que seu apoio e a força de vontade dele façam muita diferença.

Em último caso, se ele não se transformar em um campeão mundial ou num fenômeno intelectual, com certeza a prática de esportes e o estudo farão dele um bom cidadão, uma pessoa feliz e bem-sucedida onde quer que esteja. Nem sempre é preciso ser o primeiro para ser o melhor.

Conhecemos muitos campeões infelizes e frustrados, e muitos atletas amadores ou pessoas com profissões sem tanto *glamour* que estão satisfeitos consigo e aproveitando suas vidas.

Queremos crer que você ajudará seu filho a ser aquilo que ele pode ser e não o que você gostaria que ele fosse. Para isso, é essencial que seu filho ou aluno saiba que a medalha que todos querem — ser aceito e amado como se é — já está em seu peito. A partir daí, outras medalhas virão, ou não, e, se não vierem, ninguém vai morrer por causa disso.

Às vezes, os atletas e profissionais são tão talentosos que surgem mesmo contra todas as expectativas. Outras vezes, muitos que não seriam vencedores se tornam vencedores devido ao apoio e estímulo que recebem.

Para ser um bom pai ou professor é preciso dar asas para quem tem talento e/ou força de vontade, e apoio e afirmação para aqueles que, mesmo não tendo nascido para o topo do mundo, podem ser pessoas bem resolvidas e felizes, sem terem a obrigação de provar a todos que merecem um amor que, de fato, só tem valor quando é de graça.

O filho precisa saber que seu pai estará sempre ao seu lado, qualquer que seja o resultado da competição.

Seu filho precisa de espaço e liberdade para ser o que é, o que quer ser, e para errar ou acertar. A regra é que todos querem vencer: você não precisa lembrar isso a seu filho ou se preocupar com esse assunto. Apenas alguém "treinado para perder", por exemplo, sendo ofendido e agredido física ou moralmente, corre o risco de querer ser um perdedor.

> Os verdadeiros campeões aparecem por si mesmos, se nós dermos terreno propício para eles florescerem.

A hora da derrota

> "O atleta tem de ter garra. Mas, para chegar ao pódio olímpico, a capacidade de superar obstáculos, a tenacidade de persistir na disputa depois de um contratempo e a coragem de recomeçar após a derrota precisam ser ainda maiores."
>
> LARS GRAEL

Quando seu filho não conseguir o resultado pretendido, é hora de mostrar o valor do aperfeiçoamento e da persistência, a honra e o mérito de ter lutado, se esforçado e que, se ele treinar mais, pode melhorar seu desempenho e resultados. Puni-lo pela derrota seria fazer oscilar o pêndulo emocional que vai da punição à culpabilidade, e que só se estabiliza com a responsabilidade.

Quando seu filho vencer, aprecie e elogie seu desempenho. Faça com que ele perceba o mérito que teve e que você tem orgulho dele. Se quiser, deixe claro que ele não precisaria ter vencido para ser admirado.

O equivalente à "derrota" no estudo é a nota baixa ou a reprovação em alguma prova ou concurso. Nessa hora, devemos mostrar a nossos pupilos que a reprovação é resultado do quanto estávamos preparados no dia da prova. Se não tivemos sucesso nela, podemos mudar o resultado na próxima prova, se melhorarmos nosso desempenho.

Preparação para uma prova envolve aprender a estudar, estudar e treinar, e envolve a calma e tranqüilidade para fazer a prova. Qualquer insucesso numa prova pode ser revertido. Outras provas virão.

Não importa se na quadra, na piscina ou na escola, resultados ruins podem ser mudados para o futuro.

Por fim, notemos que a derrota vem de uma série de circunstâncias, porém nenhuma dói mais no atleta/aluno do que a que decorre de um erro cometido. Os pensamentos a seguir são importantes nessa hora:

> "Se você não está cometendo erros, você não está assumindo riscos, e isso significa que você não está indo a lugar algum."
>
> JOHN W. HOTT JR.

"Se você aceitar as perspectivas dos outros, especialmente as negativas, nunca há de modificar o resultado."
MICHAEL JORDAN

"Se não puder destacar-se pelo talento, vença pelo esforço."
DAVE WEINBAUM

"Tente fazer algo além do que você já domina, caso contrário você nunca crescerá."
RONALD E. OSBORN

"Ensina-me a vencer, se puder; se não puder, ensina-me a perder bem."
LIN YUTANG

A hora da vitória

Sob certo aspecto, a hora da vitória é mais difícil que a da derrota, ao menos para pais e professores. Nessa hora, e sem que isso tire o louvor justo e merecido pela vitória, um educador deve mostrar alguns valores indispensáveis para atletas, intelectuais e cidadãos:

Humildade

A Bíblia, depositário milenar de sabedoria, ensina que todo arrogante e vaidoso tende a ser derrotado no futuro, e que a humildade traz diversos benefícios. Para ajudar a desenvolver a humildade temos a prática de ensinar o atleta a agradecer aos que contribuíram para sua vitória, fazendo-o ver que ele tem seu mérito, mas que outras pessoas participaram daquela glória recém-conquistada. Lembre-se de que se manter no topo é muito mais difícil que a primeira conquista.

Humildade tem origem em *humus* que quer dizer *terra*; ser humilde é deitar-se sobre a terra, ser humilhado é ser lançado por terra. Por outro lado, do pó viemos, ao pó vamos retornar. Quem compreende isso tende a ser menos arrogante.

Um atleta ou intelectual seguro e confiante, mas também humilde, é um exemplo para todas as pessoas. Além disso, um atleta humilde tem muito mais condições que o arrogante para lidar com a derrota, quando ela vier a acontecer.

A humildade, como qualquer outra virtude, também é necessária para o estudante. À medida que o aluno vai tendo bons resultados, devemos acariciar a estima com os elogios merecidos, mas também animá-lo a prosseguir na fascinante — e infinita — estrada do conhecimento. Uma das características mais presentes nos sábios é a humildade. Se o nosso filho está começando a se sentir um sábio, é preciso lembrar que — como mencionado — quanto mais aprendemos, mais descobrimos que temos a aprender.

Cumprimentar e honrar o adversário

Um vencedor educado cumpre bem o dever de cumprimentar e elogiar, de modo cordial, os competidores derrotados. Esta é a hora de se mostrar ao atleta em formação que o adversário, ao lutar pela vitória, também teve seu mérito e dignificou a vitória obtida. Ao prestar homenagem ao derrotado, o atleta aprende a valorizar mais a competição que a vitória. Isso vai servir para desenvolver seu caráter e para ele não se sentir um "nada" no dia em que perder uma disputa.

O espírito esportivo e o *fairplay* devem ser desenvolvidos constantemente e já durante as competições, mas a hora da vitória é um momento crucial para que os adversários desenvolvam o famoso ditado: "o importante é competir". O vencedor deve perceber que o verdadeiro inimigo está dentro dele, não no adversário externo.

No estudo também pode surgir a idéia de adversários, seja na competição pela nota mais alta na prova, seja pelas primeiras colocações em simulados ou concursos. Se o aluno tem esse intuito competitivo, o primeiro passo é ensinar-lhe — também aqui — o respeito pelo adversário. O próximo passo, mais importante ainda, é mostrar que o melhor caminho, o caminho trilhado pelos melhores, é a comparação consigo mesmo: a pessoa tem que vencer a si e não ao outro. Isto é ainda mais evidente no plano intelectual. Paralelamente, devemos mostrar que o respeito ao outro é uma característica das pessoas mais sábias e maduras.

O topo é mais difícil

Não é fácil perceber isso, porém vencer é mais trabalhoso. Quem perde tem o estímulo de melhorar para vencer na próxima. Quem vence já está no topo, passando a ser cada vez mais exigido pelos outros e talvez menos motivado internamente. Assim, quando o seu filho vencer, ou melhor, tempos depois, será preciso mostrar-lhe que ele precisa continuar se aperfeiçoando, seja para que continue vencendo (afinal, os adversários vão treinar mais também), seja para continuar trilhando o caminho do crescimento profissional. Assim, se alguém deseja chegar a uma seleção, não pode se contentar com algumas vitórias e parar de se aperfeiçoar. Contudo, cuidado para não desmerecer o que já foi feito. Apenas mostre que ele pode e deve, se quiser, melhorar ainda mais na sua prática desportiva. Isso serve também para o treinador, pois ele tem que se aperfeiçoar cada vez mais.

Vencedores e perdedores

Aos poucos e com paciência, vá mostrando a seu filho que vitórias e derrotas são situações e não pessoas. O melhor momento para apresentar essa realidade é quando ele vencer uma competição. Porque desta forma, quando ele perder, ficará mais tranqüilo e não precisará de consolo (que é sempre útil, embora, em geral, mal recebido na hora da derrota). Procure indicar que ser o primeiro colocado é resultado de uma série de fatores pessoais e circunstanciais que mudam de competição para competição. Assim, quem vence hoje pode perder amanhã, e vice-versa. Precisamos curtir a vitória, mas saber que ela é mutante, móvel e passageira.

Tente mostrar que — se existe uma pessoa "vencedora" — esta pessoa não é necessariamente quem está no topo, mas quem está feliz e se aperfeiçoando constantemente.

Um vencedor deve atualizar sempre o seu potencial. A prepotência é o caminho mais breve para a impotência. Poder de antemão é não poder na ocasião.

Respeitar o adversário

"Eles não podem atingir
nem um elefante desta distânc..."

A frase anterior traz as últimas palavras do General Sedgwick enquanto observava as linhas inimigas na batalha de Spotsylvania (*O Pequeno Manual de Administração e Negócios*).

É importante ensinar os filhos e alunos a respeitarem o adversário antes, durante e depois das competições esportivas ou intelectuais. Isso o tornará um vencedor mais nobre e um eventual derrotado mais digno.

"Não fez mais que a obrigação"

Nada mais desanimador para um atleta que acabou de ter um bom resultado do que ouvir essa frase. Não diga isso. Mude, passe a ser mais positivo, diga que está feliz, pois ele, o atleta, aproveitou bem as oportunidades, elogie.

O verbo dever tem um significado duplo: dever é obrigação, dever é dívida.

Educar um filho para vencer é libertá-lo da noção de que as tarefas, os deveres que lhe cabem fazem parte de dívidas contraídas com nossas expectativas.

> "O que as vitórias têm de mau é que não são definitivas.
> O que as derrotas têm de bom é que não são definitivas."
> José Saramago

UM, MAIS UM, QUALQUER UM

Repare as três situações:

Ser "*um*"

A pessoa é única, a maior, está no topo, é o foco das atenções de todos e está iluminada pelos holofotes. É uma posição invejada... mas solitária, e a mais difícil de se manter. Estar no pico do vértice, equilibrar-se ali, esta é a questão.

Ser "*mais um*"

A pessoa tem seu valor e individualidade, mas consegue estar num grupo, fazer parte de alguma coisa, sem ter a necessidade de estar aparecendo como única, melhor.

Ser "*qualquer um*"

A pessoa não está no topo e não está bem com sua individualidade, tanto que se sente como se fosse "qualquer um".

Na hora da vitória, somos "um", estamos no topo. Na hora da derrota, dependendo de como encaramos o esporte ou o estudo, podemos nos sentir "mais um" ou "qualquer um".

O ideal é levar nossos filhos a serem capazes de estar no topo, mas devemos prepará-los para que, não estando lá, saibam ser "mais um" sem nunca pensarem que são "qualquer um".

Saber estar no topo — ser o um — evita que ao descermos do topo possamos vir a rolar até o lugar de qualquer um. Todo mundo perde um dia. Nessa hora, somos "mais um" que perdeu a partida ou a prova, e não "qualquer um". Daí, se for "mais um" a treinar mais, podemos ser "mais um" a vencer na próxima batalha.

Ser "mais um", de vez em quando, pode ser confortador.

> Em esportes coletivos, quem aceita ser "mais um" no time é muito mais útil para a equipe do que aquele que só joga para ser "o um", a estrela. O espírito de equipe pode fazer com que um conjunto de pessoas com menos talento vença times com atletas mais talentosos, porém vaidosos e individualistas.
>
> Quem tem humildade de ser "mais um", tem, em geral, mais chances de chegar ao topo.

Com a palavra Diego Hypolito

Apaixonado pelo que faz, Diego já conquistou o que todo atleta busca: reconhecimento internacional. Mas não se acomodou por isso. Continua na incansável procura por excelência máxima.

"Eu tenho 21 anos de vida e, graças a Deus, sou muito bem-sucedido no meu esporte. Venci na vida da minha forma. Sou vitorioso não por ser um campeão mundial, por ter medalhas, mas por ser feliz e bem-sucedido no que faço. Por saber que há empresas que me apóiam. Por ter um treinador que acredita em mim. Por ter um clube que me oferece as estruturas, dentro do possível. Isso é muito difícil de conquistar, sobretudo no Brasil, um país que só agora começou a entender o que é o esporte. Entendíamos só de futebol. O futebol hoje já é um comércio, uma venda. Um clube não quer pagar isso, o outro vai pagar o triplo. Hoje em dia, estão começando a entender que o esporte olímpico também é uma profissão. Você perde algumas coisas, como a sua infância. Mas você ganha muito mais do que isso. Você ganha experiência, ganha cultura. Com 21 anos de idade, já percorri o mundo inteiro. Já tenho oportunidade de poder comprar uma casa, um carro, e ajudar minha família, que é a coisa principal da minha vida. Se não fosse minha família, nada disso teria acontecido. A minha mãe deixou de ficar em São Paulo, onde ela trabalhava, por acreditar no meu sonho de criança, no sonho da minha irmã, de ser um campeão e ir para uma olimpíada. E ela acreditou. Tudo isso que aconteceu não foi de uma hora para outra, como se tivesse dado um estalo e eu consegui esses resultados. Não foi assim. Foi toda uma equipe. Foi um treinador, um fisioterapeuta, um assessor, um clube, um patrocinador. E hoje é exatamente isso o que eu penso.

O que faço é por amor, não para ser campeão. Amo demais o que faço. Se eu não amasse, não daria certo. Se você não ama ser repórter, se não ama ser fisioterapeuta, ser dentista, não vai dar certo. Você não vai fazer com prazer. Se você faz com prazer, mesmo que você não seja o chefe, o presidente da empresa, não tenha o melhor cargo, não seja o campeão, o segundo ou o terceiro lugar, você vai ser bem-sucedido porque está feliz. Você se sente vitorioso naquilo que faz. E é assim que eu me sinto: vitorioso não por ser campeão do mundo, mas sim porque gosto do que faço. Sou uma pessoa feliz, positiva; sempre penso positivo. Sempre penso que tudo vai dar certo. E busco coisas positivas. Eu tento sempre fazer com que as coisas negativas não me afetem. Eu não elimino as coisas negativas da minha vida, apenas tento transformá-las em positivas."

Diego Hypolito

capítulo 4

Como se constrói um vencedor

Primeiro, vale lembrar que, como já dissemos, vitórias e derrotas são situações e não pessoas. Assim, entenda-se "vencedor" como alguém preparado para vencer, hábil para usar seu potencial e lidar com suas dificuldades. Por fim, vencedor é quem tem estrutura emocional para passar por derrotas sem desanimar.

> "No que diz respeito ao empenho, ao esforço e à dedicação, não existe meio termo. Ou você faz uma coisa bem feita ou não faz."
>
> Ayrton Senna

SOMA DE FATORES

Um vencedor surge da combinação de quatro fatores:

Talento inato

Esta característica é de nascença. Diz respeito às pessoas que, por alguma razão, já nascem predispostas para um ou outro esporte. Um estudo, publicado na Revista Seleções, cita que os campeões na Fórmula 1 tinham uma série de qualidades físicas incomuns, por exemplo, uma acuidade visual acima da média, como foi o caso de Ayrton Senna. O talento inato pode ser a habilidade para o esporte em si ou as condições físicas/musculares/articulares para um ou outro esporte. No caso de William Douglas, um dos autores deste livro, embora ele goste de maratona, as suas estruturas óssea e muscular, por serem muito grandes, contra-indicam o esporte. Nascer para este ou aquele esporte é uma dádiva.

> "Se você quer ser bem-sucedido, precisa ter dedicação total, buscar seu último limite e dar o melhor de si mesmo."
>
> Ayrton Senna

Vontade pessoal

Diz respeito à capacidade do atleta para persistir no treinamento, superar provações e dificuldades. Esta qualidade é indispensável para qualquer atleta. É ela que faz atletas menos talentosos chegarem ao topo, compensando, com mais treino, o que lhes falta de nascença. Curiosamente, é comum que os mais talentosos sejam menos dedicados. No caso do estudo, isto é ainda mais grave: os mais inteligentes tendem à preguiça e os menos inteligentes tendem a se esforçar mais. Estudos mostraram que pais de mais de um filho costumam dizer que o filho que se destacou na vida adulta não foi o mais habilidoso de nascença, mas o outro. A razão é que o menos habilidoso, talvez ciente de que precisa disso, tende a ser mais esforçado.*

Condições externas

Aqui nos referimos às condições financeiras do atleta, do clube ou do país. A Austrália teve um extraordinário crescimento olímpico em 2000. Por quê? Porque para as Olimpíadas de Sydney eles prepararam um grande projeto olímpico, oferecendo condições de treinamento adequadas para seus atletas. É pelo investimento no esporte que muitos campeões surgem. Nesse sentido, EUA e Europa têm melhores resultados por darem mais suporte aos seus atletas.

* Para saber mais sobre o assunto, assista aos filmes *Rudy* e *Céu de Outubro*. Aliás, considerando que "uma frase é capaz de mudar um destino", sugerimos que você assista (com seu filho) a filmes sobre esportes e motivação. Confira, no anexo "Filmografia", uma série de filmes que certamente lhe proporcionarão bons momentos e trarão crescimento pessoal para você e seu filho.

Sorte

A história demonstra que algumas vezes um campeão surge em conseqüência de nas quais, da álea e imprevisibilidade do esporte. Há modalidades esportivas nas quais a sorte influencia mais. Assim, em um jogo de tênis de 5 sets há menos risco de a sorte influenciar do que em um jogo de futebol — todos conhecemos inúmeros casos de times considerados mais fracos e que venceram Copas do Mundo sobre seleções tidas como imbatíveis. Mesmo assim, não há esporte em que a sorte não influencie. Ainda neste item, considera-se sorte qualquer acaso, como o do segundo melhor competidor que se consagra campeão devido a um péssimo dia ou contusão do número 1. O que nos tranqüiliza é que a sorte é incerta, de modo que alguém que é realmente capaz pode dar azar num dia, mas não no outro. Portanto, o melhor terminará sendo campeão, mais cedo ou mais tarde. E, claro, para o menos talentoso ou menos aquinhoado com boas condições de treino, pode ser que a sorte o ajude a, um dia qualquer, chegar no primeiro lugar. Cuidado para não confundir sorte com competência. Um vencedor sabe aliar competência e desempenho.

Os quatro fatores no estudo

No estudo, existem pessoas com *talento inato*, aquelas que já nascem gênios e para quem tudo será mais fácil, pelo menos no aspecto intelectual. Assim como os gênios do esporte, existe risco de falta de motivação, de excesso de cobrança e de que os pais ou mestres esqueçam que, gênio ou não, a criança ainda vai precisar se desenvolver emocionalmente. Felizmente, no estudo, o talento inato é menos importante que nos esportes: existem milhares de oportunidades para as pessoas ditas comuns.

A *vontade pessoal* é tão importante quanto nos esportes. É a partir dela que se projeta, no futuro, uma boa profissão.

As *condições externas* são igualmente importantes. Nesse passo, entra a preocupação com o colégio onde seu filho estuda, com o aprendizado de um idioma estrangeiro, com o uso do computador e bibliotecas públicas.

A *sorte* sempre tem seu lugar, mas, assim como nos esportes, ela sorri para todos, cedo ou tarde. Não se deve ficar esperando por ela e, claro, "quanto mais se trabalha ou estuda, mais sorte se tem".

Influência dos quatro fatores num mesmo item. O exemplo da dor. Cada um desses quatro fatores tem sua importância sobre os diversos acontecimentos na vida esportiva. Por exemplo, veja o caso da *dor*, fenômeno muito comum nos esportes, nos treinamentos mais puxados e na hora das contusões e acidentes. Há pessoas que, por *características genéticas*, não sentem muita dor. Estas são capazes de não sentir tanta dor quanto a média das pessoas durante o treinamento por vantagem genética. Outros sentem a dor, mas, por *vontade pessoal* forte, resistem. O primeiro não a sente, o segundo sente dor, mas tem força de vontade para suportá-la. As *condições externas* têm seu lugar através da existência de equipamentos e locais de treinamento mais adequados, e tratamentos médicos que minorem a dor ou curem as contusões mais rapidamente. Ou seja, quem tem mais condições financeiras tenderá a ter menos riscos e a sofrer menos. A dor é inevitável; o sofrimento é opcional. Por fim, a *sorte* de não se machucar também pode ajudar.

Logo, para se construir um campeão é preciso entender esses fatores e saber que eles se combinam de diversos modos. Veja o caso de Cuba: o embargo econômico norte-americano cria enormes dificuldades para os atletas treinarem, mas em compensação o governo da Ilha investe nos esportes e há uma enorme cultura de amor ao esporte e uma tradição de bons resultados. Eles amam o esporte e confiam, sabem que podem vencer. Então, mesmo em condições inferiores à ideal, os atletas cubanos têm sempre grande destaque internacional. Além disso, Cuba é um celeiro de talentos, mas talentos que são procurados, motivados e treinados da melhor forma que podem (inferior aos EUA, por exemplo, mas melhor que em muitos lugares).

> "Podem ser encontrados aspectos positivos até nas situações negativas e é possível utilizar tudo isso como experiência para o futuro, seja como piloto, seja como homem."
>
> Ayrton Senna

QUAL O FATOR MAIS IMPORTANTE?

Não existe um fator mais importante. Se fossemos indicar um, diríamos que é a vontade pessoal, mas esta não seria uma resposta completa. O mais correto é dizer que, dependendo do percentual de cada um dos fatores, outros podem ser menos importantes, ou seja, se alguém tem muito um fator positivo, poderá compensar a falta de outro.

Se a pessoa tem um talento extraordinário, chegará a ser um campeão, mesmo em condições inadequadas, pois seu talento é tão grande que superará tudo. Nesse caso, temos vários campeões de países do Terceiro Mundo.

Inexistindo talento, valerá o conjunto de vontade pessoal e condições externas. Se não existe talento inato, nem boas condições externas, às vezes nem mesmo a vontade pessoal é o suficiente. Podemos citar um amigo do segundo autor, o ex-atleta Marco Monteiro, que não tinha tanto talento, mas sua força de vontade superava tudo. Como resultado, foi hexacampeão brasileiro adulto e chegou às Olimpíadas de 1992, em Barcelona.

Quando juntamos talento com condições adequadas, temos campeões de primeira ordem, normalmente por muito tempo. Um bom caso é o de Michael Schumacher: muito talento, força de vontade, boas condições, alguma sorte... seis vezes campeão de F1, recordista em todos os itens, salvo o número de *pole-positions*, que pertence a Ayrton Senna.

Países com boas condições de treinamento costumam ter bom rendimento internacional, pois surgem talentos extraordinários ou razoáveis em todos os lugares.

A *vontade pessoal* é necessária a todos e mais necessária ainda aos menos talentosos ou com menos condições de treinamento. A vontade é variável, avise-se. Assim, um atleta pode estar desanimado durante um período ou competição e recuperar tudo isso em outro momento. Quando estiver com menos vontade, estará deixando a porta aberta para outro aproveitar a chance de vencer; quando voltar a ter os famosos "olhos de tigre", citados no filme *Rocky II,* será sua vez de disputar a medalha principal.

A *sorte* ajuda ou atrapalha a todos, depende do momento. A melhor forma de lidar com a sorte é a seguinte: não contar com ela. Quando ela ajudar, melhor; quando atrapalhar, continuar treinando até a próxima competição.

E o meu filho?

Antes de pretender que seu filho seja um campeão, verifique como estão os fatores mencionados. Talento e vontade são pessoais. Seu filho os tem? O talento vem de nascimento e a vontade pode ser estimulada, mas depende dele. Se esses dois fatores estiverem presentes, verifique as condições externas e não se preocupe com a sorte.

Anthony Robbins disse: "Engraçado, costumam dizer que tenho sorte. Só eu sei que quanto mais eu me preparo, mais sorte eu tenho". Isso já aconteceu com William Douglas, um dos autores deste livro. A matéria que ele menos dominava, para uma prova, era Direito Administrativo. Pois bem, ele gravou a matéria em fitas cassete e passou a ouvi-las no toca-fitas do seu automóvel. No dia da prova, qual foi a matéria que caiu? Direito Administrativo. Uns diriam que foi trabalho bem-feito, mas muitos dizem que foi sorte. Pois bem, quanto mais você estuda ou treina, mais sorte tem. A sorte e as oportunidades sorriem mais para os que se esforçam.

Se você não considera a sorte assim, então vai concordar que ela sorri para todos, cedo ou tarde. Nesse caso, não é aconselhável contar com ela: se ajudar, bem; se não ajudar, ou vamos ter que vencer apesar do azar, ou outras competições virão.

> "Vitória não é algo de um momento, é algo de todos os momentos. Você não vence de vez em quando, você não faz certo de vez em quando, você deve acertar sempre. Vitória é um hábito. Infelizmente a derrota também é."
>
> Vince Lombardi

Sobre as condições externas

Do país — estão melhorando a cada dia, com mais investimento público, particularmente nos esportes, e com a criação de centros de treinamento. O Pan-americano do Rio, em 2007, e a luta para sermos a sede das Olimpíadas também estão contribuindo para o crescimento do esporte. Além disso, estamos crescendo em diversas modalidades: já não somos apenas o país do futebol.

Do seu filho — em princípio, as condições dependem de sua situação financeira ou de sua capacidade de obter patrocínio. No entanto, quanto melhor o desempenho de seu filho, mais fácil será obter apoio.

Para o esporte amador, as necessidades são mais fáceis de serem atendidas; para quem quiser se profissionalizar, será preciso procurar clubes de referência ou técnicos especializados. Mas isso ainda não deve ser sua preocupação imediata. Devemos praticar alguma atividade física e levar nossos filhos a praticarem o que lhes agrada. É um bom começo.

O que faço?

Para tornar seu filho um atleta, basta incentivo. Para torná-lo um campeão, será preciso que ele tenha capacidade, decorrente de talento ou de muito treino, de preferência dos dois. E haverá a influência das condições externas.

Para começar: o ideal é, a partir dos 3 anos de idade, colocá-los numa escolinha de alguma modalidade esportiva que desenvolva a psicomotricidade e as qualidades físicas de um modo geral. Lembre-se de que a criança deve ir para brincar e não para ser uma campeã.

Enquanto seu filho se diverte, você e o professor precisam observar se ele tem talento e interesse. Se houver aptidão esportiva, será a hora de ver como essas habilidades devem ser desenvolvidas. Mesmo que não haja aptidão para competições, os pais devem lembrar que a atividade física amadora é prazerosa e excelente para desenvolver caráter, coragem, espírito de equipe etc.

Se não houver aptidão esportiva e seu filho gostar do esporte, deixe que ele o pratique. Alguns talentos desabrocham mais tarde e, mais importante que ser o melhor no esporte, é que ele estará desenvolvendo bons hábitos. Se um esporte não agradar seu filho, não desista: tente outros.

PAIS DESTRUIDORES DE CAMPEÕES

Pais, professores, técnicos e atletas mais velhos possuem uma espécie de autoridade sobre os atletas. Assim, o que eles fazem ou dizem tem profunda influência.

Existem alguns tipos de pais que prejudicam o desenvolvimento dos filhos. Torcemos, pelo sucesso de seu filho e do esporte no país, que você não seja um pai ou uma mãe "destruidor de campeões".

Pai sabe-tudo

Existem pais que conhecem a atividade esportiva, alguns até já praticaram esporte. Isto é bom, pois têm experiência, e podem ajudar a descobrir e desenvolver o talento de seu filho. Contudo, é muito comum que estes pais acabem cometendo alguns erros, sendo o maior deles o de tentar controlar tudo e ser o próprio técnico, dentro e fora do ginásio.

Há pais que chegam ao cúmulo de criticar o técnico diante de seu filho. Ora, se ele — o pai — não acredita no técnico, como vai querer que seu filho — que o tem como autoridade — confie? Isto traz insegurança e desconfiança para o atleta, diminuindo seus resultados. O atleta fica confuso, sem saber quem está com a razão. Só existe uma coisa pior que atleta sem orientação: atletas com orientações diferentes.

Nesse passo, existe o *princípio da continuidade*. Assim, mesmo que uma técnica não seja a melhor, sua aplicação correta e contínua faz com que o atleta se desenvolva. Este princípio assevera que não se deve ficar mudando de técnica toda hora. Ao invés de adiantar o resultado, ele o prejudica.

Pai-vampiro

Existem pais que, por não terem chegado ao topo quando eram atletas, ou porque não conseguiram ser atletas, ou ainda porque não conseguiram ter todo o sucesso desejado, tentam transferir para os filhos a responsabilidade de realizar seus anseios. Em vez de deixar os filhos seguirem seus próprios caminhos, querem se realizar usando o corpo do filho. Isso é uma espécie de egoísmo, dos mais terríveis.

Pai empresário

Uma coisa é o pai ajudar o filho a administrar sua carreira e seus ganhos, o que é até mesmo um dever legal. Aliás, sorte do atleta que tem pais com essa disposição e capacidade. O risco, contudo, é o pai transformar seu filho em fonte de renda. Isto não acontece apenas nos esportes: pais de artistas, modelos e pequenos cantores também passam por essa tentação. Interessante notar que muitos atletas acabam sendo beneficiados por terem um empresário tão presente, o que às vezes dá certo (ao menos para efeito de resultados). O cuidado é avaliar o custo para ambos no plano emocional e afetivo. Por isso, fica o registro para que todos tenhamos o cuidado de pensar primeiro no bem dos filhos e alunos e, depois, no resto (medalhas, ganhos financeiros etc.).

Excesso de cobrança em virtude da exigência de resultados vistosos, rápidos e freqüentes acaba fazendo com que o pai deixe de ser o apoio de que o filho precisa, apenas aumentando a pressão sobre o atleta.

Pai que não sabe perder

Pior que o atleta que não sabe perder, que só quer o primeiro lugar, é o pai que age assim. Ao cobrar isso, os pais mutilam a auto-estima dos filhos e prejudicam o rendimento deles. Há filhos que torcem para seus pais não irem aos treinos ou competições por medo da pressão que eles fazem.

Frases como "só vale se ganhar", "a gente só joga para ganhar", "o segundo lugar é o primeiro perdedor", só realçam a visão distorcida do esporte. Por mais que todos queiram ganhar, nada mais saudável, tranqüilizador, didático e construtivo que o bom e velho "o importante é competir". Se o atleta gosta de jogar, ama os esportes e pode (tem o direito) de perder (que é parte do jogo), com certeza estará mais preparado para vencer. Ele vai querer vencer, pois isso é natural. Nenhum atleta entra em campo para perder, mas isso pode acontecer se a obrigação de vencer o estiver pressionando. Obrigação é diferente de COMPROMISSO. Compromisso é uma promessa comum feita entre o sujeito e seu próprio desejo. O compromisso deve ser pessoal.

Toda derrota deve ser um aprendizado, mas, normalmente, não é aprendizado para quem só quer vencer.

> Quem só enxerga a vitória não pode aprender com a derrota.

No mundo dos negócios se diz: "Quem não pode perder não pode ganhar." Isto se aplica a tudo na vida. Jogo é jogo e a derrota e a vitória são parte dessa roda. Só quem está pronto para perder está pronto para ganhar.

Filhos, professores e pais precisam entender que quem joga sempre vence. Mesmo quando não vence a competição, o atleta vence quando se diverte, quando compete. Ele ganha experiência, cuida de sua saúde, desenvolve hábitos saudáveis, aprende a viver.

O melhor exemplo disso talvez seja quando a Seleção de Bombeiros do Principado de Mônaco joga com a Seleção Brasileira de Futebol: eles sabem que podem não vencer e que provavelmente não vão vencer, mas participar daquele jogo é um privilégio e já é uma vitória a ser contada aos netos. E, veja, sem a obrigação de vencer, e pela arrogância do melhor time, às vezes acabam vencendo!

Pai muito exigente

Existem pais que temem que algum elogio faça com que os filhos esmoreçam. Daí o insuportável e desalentador "você não fez mais do que sua obrigação". Se por um lado o atleta precisa de alguém que o anime, cobre resultados, treino, aperfeiçoamento; a falta de incentivo e elogios pode desmotivá-lo e até fazê-lo desistir.

Um dos problemas causados pelo excesso de exigência é levar o atleta ou estudante a extrapolar seus limites e a querer resultados rápidos demais, expondo-se a lesões e traumas físicos ou emocionais.

Pai ausente

Todo filho deseja receber aprovação, afeto e amor de seus pais. E quanto mais achar que não o tem, mais vai demonstrar externamente que não deseja isso, como se estivesse construindo um muro para se proteger de sua rejeição e dor. Assim, mesmo que não demonstre, ele precisa desesperadamente que você mostre interesse.

Além de pais, professores, tios, avós, atletas mais experientes e/ou dirigentes, devem evitar o cometimento dos mesmos erros.

Superproteção

Pais carentes, pais separados, avós ou tios superprotetores podem gerar a tentativa de suprir o filho com excesso de carinho ou proteção. Isso não adianta.

Lembramo-nos aqui de uma história, onde uma pessoa ficou com pena da larva que estava para virar borboleta. Ao ver o esforço extremo que a larva fazia para sair do casulo, essa pessoa com boa intenção resolveu ajudar. Para tanto, cortou o casulo com uma navalha. O resultado foi uma borboleta que não conseguia voar. Qual a razão? Ora, o esforço para sair do casulo é parte da metamorfose, parte do processo de transformação que prepara a borboleta para a vida. Quando a pessoa, mesmo bem-intencionada, poupou a larva do processo, acabou evitando também o desenvolvimento regular e normal da borboleta.

Por mais que seja difícil, os responsáveis devem fazer com que o filho aprenda "a voar". Se tudo der certo, ou seja, se a vida correr seu rumo natural, você — pai, mãe, tio, avô — vai morrer antes de seu filho, sobrinho, neto. Aliás, nada pior que enterrar um filho. Por isso, lembre-se de que provavelmente você vai deixar seu filho sozinho neste planeta: deixe que ele aprenda "a voar" sozinho. Ampare, mas não castre; incentive ao invés de limitar, dê suporte ao invés de superproteger. Não crie aleijões. Se os criarmos, um dia — sucumbidos pelo tempo e pelo cansaço — teremos que colocá-los no chão e o mundo verá o que criamos.

Excesso de linhas de atuação

Não só no caso de pais separados, mas mesmo com casais que vivem juntos, podem existir divergências sobre o modo de criar os filhos. Isto também pode surgir a partir de um tio, avô ou assemelhado. Nesse passo, é bom fazer uma distinção. Uma coisa é haver opiniões diferentes, o que faz com que a pessoa aprenda a escolher, a comparar as vantagens e desvantagens e amadureça diante da diversidade. Outra coisa é confundir a criança ou o adolescente com dois modos de agir completamente diferentes, fazendo com que o pequeno atleta ou estudante tenha que fazer o milagre de agradar a duas pessoas com exigências incompatíveis.

Que fazer nesse caso? Os adultos devem se reunir longe da criança e chegar a um denominador comum, nem que para isso peçam ajuda a algum terapeuta de família. Imagine um atleta com três treinadores, um querendo que ele faça todos os treinos pela manhã, outro à tarde, outro à noite. Se esse atleta quiser agradar os três, vai morrer de estafa. É mais ou menos isso que acontece, às vezes, dentro de casa. O princípio de lealdade surge da opção que fazemos dentre opiniões divergentes. Um filho/aluno não tem que ser fiel a este ou aquele, mas deve ser incentivado a ser leal aos princípios que norteiam sua educação.

Os responsáveis pela criança devem aprender a falar a mesma língua, ou o atleta/estudante vai acabar não entendendo nenhuma. Uma coisa é "eu *discordo* ", outra coisa é "eu *proíbo* ".

Pais separados

A separação e o divórcio já fazem parte de nossa cultura. Mesmo assim, os pais têm muita dificuldade de lidar com o antigo cônjuge (o famoso ou famosa "ex") e, mais ainda, com os filhos anteriores do novo parceiro. A partir do momento em que há uma separação com filhos, é preciso saber que alguma convivência será necessária. Quem se une a uma pessoa que já tem filhos deve entender que está se juntando a um "pacote": não há como excluir os filhos de seu parceiro. Administrar a situação, sim; excluir, não.

Alguns erros de casais que se separam podem destruir a vida do filho, levando-o para as drogas, depressão, desânimo, baixa auto-estima. Procure evitá-los, por amor a seu filho.

O primeiro erro é *usar o filho como arma*. Deixe seu filho fora das suas brigas com o "ex" ou a "ex". O pai e a mãe devem preservar o filho da convivência de brigas e discussões, bem como não devem tentar convencer o filho de que é o certo e o outro o errado. Isso vai gerar conflito na cabeça do filho. Não tente, portanto, fazer de seu filho um aliado contra o seu "ex". Filhos precisam de pai e de mãe, de modo que — por pior que esteja o seu relacionamento com o(a) ex — preserve a imagem do outro, evitando falar mal dele, acusá-lo. Se o seu "ex" é isto ou aquilo, se realmente é, deixe que o tempo e a observação de seu filho revelem a verdade. A verdade sempre aparece e tem sua hora. Não tente fazer este serviço.

Se criarmos uma disputa pelo filho, ele acaba virando um troféu, ficando confuso, e todos saem perdedores.

Além disso, são necessários acordos, paciência e boa vontade. Se não por outro motivo, pelo fato de que um dia permitimos ou desejamos a situação que gerou nosso filho. E, para completar, devemos lembrar que um dia percebemos que nosso filho não é só nosso. Um dia percebemos um olhar, uma frase, um gestual em nosso filho que nos lembrará alguém. É a parte dele feita do outro. Esta parte vai nos mirar e buscar saber se ao não amar mais o(a) "ex", você também não ama partes que o constituem. Ele é filho de dois. Um filho não herda atos, mas herda traços.

Alguns assuntos para pais separados

Visitação — Os erros mais comuns aqui são a omissão na visita ou a limitação de visita. No caso da omissão, o pai ou a mãe não visitam os filhos, não ligam, não conversam, não se lembram de datas importantes, não perguntam, não participam. É muito comum um dos cônjuges desistir do outro e achar que isso também pode se aplicar aos filhos. Lembre-se: se você fez ou teve o filho, precisa assumir sua responsabilidade. A limitação ocorre quando quem tem a guarda dificulta o outro no que diz respeito à liberdade para ver o filho. Isso é lamentável e ruim. Respeitado o mínimo de organização e privacidade, e um não atrapalhar a nova vida do outro, quem tem a guarda não deve criar dificuldades para que o filho veja o pai ou a mãe, pois isso é importante para seu desenvolvimento emocional.

A hora da entrega/visita — Um cuidado importante para pais separados é não aproveitar a hora da visitação ou de entrega do filho para discutir os assuntos problemáticos. Deixe isso para outra ocasião, organize-se para seu filho não assistir às discussões. E, se ele indagar sobre elas, mostre que todo mundo pode ter divergências e que todo mundo tem que aprender a resolvê-las de modo civilizado. E dê o exemplo.

Pensão — Obviamente, a questão financeira é importante. Entendemos que o pai e a mãe devem contribuir para o sustento na medida de suas possibilidades, e que os problemas financeiros não podem ser confundidos ou misturados com a questão da visitação ou participação na vida esportiva ou estudantil do filho.

Pais separados × filhos separados — Por fim, o termo é "pais separados". Quem se separa são os pais, não os filhos. Podemos admitir a idéia de "pais separados", por o casal não ter conseguido manter, qualquer que seja a razão, uma vida em comum. No entanto, não é possível admitir "filhos separados". Pai e mãe precisam ser responsáveis com seus deveres familiares e aprender a separar as dificuldades com o "ex" e os prazeres, deveres e assuntos relacionados aos filhos.

COMO OS PAIS PODEM AJUDAR

Os pais podem ajudar, primeiramente, não pressionando demais o atleta. A pressão dos pais prejudica. Uma coisa é *acompanhamento e incentivo*, outra coisa é *pressão e cobrança excessiva.*

O que os pais podem e devem fazer é dar *apoio moral, financeiro* (*na medida de suas posses*) *e acompanhar* o filho nos treinos ou levando e buscando-os para o local de treino.

Os pais podem dar auxílio importante ao ajudar na construção da *auto-estima* do filho, principalmente nos momentos mais difíceis. A auto-estima envolve a sensação de valor próprio e de ser aceito e amado.

O primeiro passo dos pais é mostrar ao filho que ele tem valor e é apreciado pelo que é, sem depender de resultados. Em seguida, os pais devem mostrar ao filho que ele deve ser o primeiro a se amar, a gostar de si mesmo e a se valorizar. O esporte e o estudo devem ser feitos para crescimento e aperfeiçoamento pessoal, não como uma obrigação, mas como atividades que trarão grandes benefícios. A vitória deve ser buscada, mas, paralelamente, deve haver a consciência de que "um dia a gente ganha, um dia a gente perde". Outro ponto importante na auto-estima é o atleta saber que todos possuem qualidades e defeitos, e o diferencial será feito por aquele que melhor souber trabalhar sobre si mesmo para enfrentar os desafios do estudo ou esporte. A pessoa começa por se aceitar como é e então a trabalhar para — a partir do que realmente é — aperfeiçoar-se.

É fundamental entendermos que as situações da vida não inventam pessoas, mas sim revelam (jogam luz) sobre a estrutura que desenvolveram para lidar com as situações.

A situação é como uma luz que se acende numa sala escura. A luz não vai inventar o que for visto, simplesmente mostrará melhor. Da mesma forma, quando a luz se apagar, nada desaparecerá. Mas podemos aproveitar a claridade para nos reorganizarmos internamente.

O poeta Paulo Leminski dizia: "Este negócio de querer ser exatamente o que se é ainda vai nos levar além."

Deixemos nossos filhos serem quem são. Devemos amá-los e, a partir dessa base sólida, eles vão alçar seus belos vôos.

É importante ajudar seu filho a descansar *fora da hora dos treinos,* de modo a relaxá-lo. Devemos evitar que o atleta veja o treino como algo maçante, e que ele viva só de pensar em treino. Assim, os pais podem ajudá-lo nos momentos de lazer: rir, brincar, passear, ou seja, "recarregar a pilha".

Alerta

Alertamos que não existe fórmula específica. Existem pais que estão todos os dias no treino e os filhos ganham medalha, e outros que não; existem campeões com todo o apoio dos pais e campeões que se fizeram sozinhos, sem apoio algum. O talento e o esforço sempre podem mudar os resultados, e a raça humana é cheia de surpresas e exceções. Nossas sugestões são baseadas em muitos anos de observações e lidam com o que é *mais* recomendável e o que normalmente dá certo. Além disso, nossa opção é por uma linha de trabalho que priorize o bem-estar emocional do aluno. Isto significa que entendemos que os resultados, como títulos, medalhas, aprovações e notas são conseqüência. Entendemos que colocar resultados como prioridade pode até trazer os tais resultados, mas não compensa nos planos emocional, psicológico e pessoal.

Alertamos ainda que o excesso de pressão, embora dê certo algumas vezes, noutras faz com que o atleta desista ou entre em depressão, podendo até se auto-sabotar para livrar-se da situação de cobrança. Assim, a pressão excessiva dos pais pode dar certo, mas isto é exceção. E mesmo quando gera títulos, traz um passivo emocional não compensador.

Os pais devem estar em todos os treinos?

Acreditamos que os pais devem ir de vez em quando, não precisam ir a todos os treinos. O atleta, ao ver os pais na arquibancada, muda seu comportamento: ele quer aparecer para os pais, mostrar resultados, e pode se sentir pressionado. Desse modo, é importante que haja dias com os pais e dias sem eles. No colégio, dependendo da faixa etária, pode até ser que o filho prefira não ver os pais... Conseqüentemente, o ideal é evitar exageros, conversar com os filhos e observá-los bastante. O equilíbrio e o bom-senso continuam sendo os melhores conselheiros nessas horas.

Importância da família nas competições

A família ajuda muito fora do ginásio e, nas competições, dentro dele. Aqui, o essencial é estar presente nas competições, mesmo que não em todas. Diga ao seu filho o quanto o aprecia e indague sobre o que ele acha da sua presença. Mostre que *quer* estar presente, mas que *está disposto* a fazer o que o filho preferir. Se você não puder ir a alguma competição, informe ao seu filho a razão de sua ausência. Contudo, se você *nunca* for a nenhuma competição, seu filho vai achar que você não está interessado nele. Nós também!

Há atletas que ficam nervosos com a presença da família em competições. Por isso vale a pena perguntar o que ele prefere. Em qualquer caso, é preciso que a família deixe o pequeno atleta tranqüilo de que mesmo que não consiga o resultado tal ou qual, ainda assim não será desprezado, humilhado ou coisa parecida.

Segredo de Campeão

Tudo é um ciclo. O atleta pode estar por baixo hoje, se não desistir, poderá estar em cima outro dia. O mundo dá voltas, e a vida cambalhotas.

Ao questionar o seu filho se ele apreciará a sua presença, preste atenção não só no que ele diz mas *como* diz. As palavras podem enganar, mas a entonação, a voz, a expressão facial e a corporal raramente enganam. Evitemos querer do filho apenas a "autorização" para não ir ao jogo.

Em atividades intelectuais, o equivalente a "assistir ao jogo" é, vez ou outra, levar à escola, assistir à peça teatral, levar ao local do concurso vestibular ou público.

Se o seu filho manifestar que está sendo ridicularizado ou está sendo objeto de chacota porque o pai e/ou mãe o buscam ou o levam aos locais, não se preocupe. Aprenda a lidar com a situação e, se preciso, seja um torcedor mais discreto para o público (não para seu filho).

Importância da paciência e serenidade

Existem crianças cuja maturidade vem mais tarde. Assim, derrotas em determinado período não querem dizer necessariamente que a criança não tem vocação para o esporte. A história está repleta, muito repleta, de casos de atletas que desabrocharam tardiamente. Seja paciente, portanto. E mesmo para os vocacionados não cabe exigir resultados num ou noutro evento específico. Nem nossos grandes campeões ganharam sempre.

> "A alegria do triunfo jamais poderia ser experimentada se não existisse a luta que determina a oportunidade de vencer."
>
> Gonzales Pecoche

SOBRE PROFESSORES

"Lidere, siga ou saia do caminho."
TED TURNER

Além dos cuidados já citados, na medida das coisas, os professores devem estar sempre atentos a cada um de seus alunos.

É essencial que a individualidade seja respeitada e que o professor cuide das necessidades não só da turma como um todo, mas também dos três grupos básicos:

a) acima da média;
b) na média;
c) abaixo da média.

Sendo pessoas em formação, os alunos são altamente influenciáveis e a conduta do professor, suas palavras, respeito, incentivo, postura e conselhos podem fazer o indivíduo migrar para cima ou para baixo nessa escala.

Respeitar limites também é importante. O primeiro autor deste trabalho deixou de treinar judô aos 8 anos, quando era faixa branca, porque o professor o deixou uma hora levando golpes de um garoto bem maior e faixa marrom. Até hoje, ele não sabe qual a linha de treinamento adotada na época, mas para um menino de oito anos não funcionou. Aliás, o bom e velho filme *Karatê Kid* traz bons exemplos do que um professor deve ou não fazer. Quanto ao judô, o trauma foi curado pelos bons professores da UFF, cerca de dez anos depois.

O romance *O Clube do Imperador*, transformado em filme em 2002, traz excelentes ensinamentos para pais e professores, os quais citamos:

> Um grande professor tem pouco a registrar. Sua vida se prolonga em outras. Estes homens são os pilares de nossas escolas, mais essenciais que seus tijolos e vigas. E continuarão a ser a centelha e revelação em nossa vida.

"O valor de uma vida não é definido por um fracasso ou um sucesso solitário. Por mais que tropecemos, o dever de um professor é esperar que o ensino mude o caráter de um menino, e assim o destino de um homem."

> Para Professores, além do óbvio e necessário "Ao Mestre com Carinho", com Sidney Poitier, e do útil Karatê Kid, recomendamos este filme (O Clube do Imperador). Ele mostra erros e acertos de um professor e boas lições para o nosso ofício. Vale citar, ainda, os filmes "Sociedade dos Poetas Mortos" e "Patch Adams — O amor é contagioso", ambos com Robin Williams.

"Fui à floresta porque queria viver de verdade. Eu queria viver profundamente e tirar toda a essência da vida. Fazer apodrecer tudo o que não era vida e não, quando eu morrer, descobrir que não vivi."

Henry David Thoreau

(Frase tradicional de abertura das reuniões da Sociedade dos Poetas Mortos.)

TALENTO ESPORTIVO

"Se um homem tem talento e não o usa, ele terá falhado. Se um homem tem talento e usa apenas uma parte dele, ele terá falhado em parte. Se ele tem talento e aprende como usá-lo por completo, terá obtido o sucesso glorioso, e alcançado a satisfação e o triunfo que poucos homens têm conhecido."

Thomas Wolfe

Para se tornar um campeão é preciso ter talento e desenvolvê-lo. Assim, parte da tarefa de pais e professores é descobrir quem tem talento e ajudar essa pessoa a desenvolver o que tem de nascença. O talento é um requisito importante, mas não o único, para formar um grande campeão.

Normalmente, é o professor que tem condições de verificar se existe talento. Um exemplo disso foi a professora que olhou Daiane dos Santos brincando numa praça e viu talento na ginasta. Veja que o talento dessa campeã mundial é tão grande que compensou até o fato de ter começado mais tarde que o recomendado.

O contrário também acontece: às vezes, um supertalento descoberto na idade certa não vem a se tornar um campeão por causa de uma ou várias determinantes: falta de motivação, falta de desenvolvimento técnico, pressão de pais ou professores etc. E ninguém pense que é fácil treinar um talento: para chegar ao topo, até o talentoso precisa ser muito treinado, e bem. Como mencionado: para a engrenagem dar certo é preciso encaixar bem todas as peças, seja no plano individual, seja no coletivo.

Assim como o professor deve indicar quem tem talento, também é sua a dolorosa e difícil missão de dizer quem não o tem. E é preciso que o atleta e seus pais estejam preparados para ouvir isso e entender que essa também é uma função do técnico, até para que o atleta saiba como se portar. Por exemplo, a falta de pendor para uma modalidade esportiva, avisada a tempo, permite que o atleta — junto com seus pais ou mentores — procure outra atividade mais adequada às suas características pessoais e físicas.

E se meu filho ou aluno não tiver talento esportivo?

Nós conhecemos vários atletas de seleção que não tinham talento. Eles conseguiram chegar lá porque compensaram a falta de talento com a força de vontade e muito treinamento. O esforçado vence o talentoso que não se esforça. Claro que, se o esforçado sem talento enfrentar o talentoso esforçado, essa diferença inata pende a favor do talentoso. Assim, quem não tem talento pode conseguir chegar a uma seleção nacional, mas às vezes não chega a ser o primeiro, o melhor de todos. Mas seu esforço faz com que esteja na seleção, que faça o que gosta, que consiga grandes resultados, que seja recompensado pelo seu esforço e que, vez ou outra, leve a medalha de ouro. É como a história da corrida do coelho com o jabuti: o jabuti, às vezes, vence.

Por isso, é importante que o atleta, seus pais e professores tenham consciência da capacidade real e dos custos para cada um. É preciso saber o que se tem de talento, de treino adequado e de esforço pessoal, para saber-se o que e quanto exigir e até onde se pode chegar.

Talento e força de vontade

O ideal é juntar talento e força de vontade, mas não é fácil. Os mais talentosos várias vezes não são tão motivados ou pecam pela vaidade, preguiça, irritabilidade, excesso de exigência própria ou dos pais. Daí, um talento se desperdiça.

> "Quem não pode realizar grandes coisas, deve lembrar-se de que pode mostrar-se grande nas pequenas coisas que realizar."
>
> Napoleon Hill

DESENVOLVIMENTO ESPORTIVO

Trataremos de dois casos: pessoas com objetivos cotidianos e pessoas com objetivos olímpicos.

A *atividade desportiva cotidiana*, amadora, que é excelente para todos, não demanda esforços extraordinários. Para ela, bastará freqüentar algum clube, academia ou, com alguma orientação, até treinar sozinha. Obviamente, exames médicos regulares e uma ou outra conversa com algum professor de educação física trará grandes benefícios, sendo altamente recomendável. Atletas amadores podem experimentar a variação de modalidades esportivas, o que será útil para conhecer outros esportes e até para descobrir alguma habilidade especial.

Se o seu filho estiver numa escolinha, mesmo que só para se divertir, tanto melhor. Estar em alguma escolinha pode ser o passaporte para a atividade esportiva olímpica. Lembre-se de que os grandes clubes estão sempre observando as escolinhas e os campeonatos para encontrar atletas talentosos. O próprio professor da escolinha verá que o aluno tem aptidão e fará o encaminhamento. Nesse caso, será a hora de seguir para a próxima etapa.

A *atividade desportiva de alto nível* exige maiores, bem maiores, cuidados.

Para desenvolver um atleta com potencial olímpico será preciso:

1. Estrutura física e aparelhagem, tanto para treinamento como para acompanhamento médico e alimentar.
2. Bom técnico. O técnico deve ser alguém de confiança. Para a escolha de um bom técnico, continuam valendo as recomendações e, é claro, a verificação de seu currículo e sua formação acadêmica. A influência do técnico, tanto nos resultados quanto na vida do atleta, é grande. Daí, este é um ponto a ser olhado com muita atenção.
3. Uma boa condição familiar. Não estamos falando de uma família financeiramente rica. Embora isso ajude, mais importante que isso é a cabeça dos pais, para ajudarem o filho, em especial no aspecto emocional.
4. Colocar a criança/jovem junto de campeões. Isso ajuda a desenvolvê-la. Como se sabe, passarinho aprende a cantar ouvindo outros. Deve se procurar colocar os filhos em contato com os campeões, de preferência treinando perto deles. O acompanhamento das carreiras deles pela mídia ou indo a jogos e competições também é importante. É, por sinal, uma ótima oportunidade de mostrar a seu filho que todos têm bons e maus momentos e resultados nem sempre tão positivos.
5. Não ter pressa. Tão importante quanto chegar no grande clube ou na seleção é não tentar fazer isso rápido demais. Muitas carreiras foram queimadas devido à pressa. O grande clube é algo que só precisa acontecer a partir de um determinado momento do atleta. Veja o caso da Fórmula 1: o piloto passa por várias categorias até chegar ao topo. É muito raro alguém que passe do kart direto para a F1... é preciso um processo de amadurecimento. Nesse sentido, ninguém melhor que o técnico para dizer quando é hora de subir mais um degrau. Saltar etapas é "queimar" a vida.

"De tudo ficaram três coisas:
A certeza de que estamos sempre começando...
A certeza de que precisamos continuar...
A certeza de que seremos interrompidos
antes de terminar...

Portanto, devemos:
Fazer da interrupção um caminho novo...
Da queda, um passo de dança...
Do medo, uma escada...
Do sonho, uma ponte...
Da procura, um encontro."

Fernando Pessoa

Oração aos moços

"Ao que devo, sim, o mais dos frutos do meu trabalho, a relativa exabundância de sua fertilidade, a parte produtiva e durável da sua safra, é às minhas madrugadas. Menino ainda, assim que entrei ao colégio, alvidrei eu mesmo a conveniência desse costume, e daí avante o observei, sem cessar, toda a vida. Eduquei nele o meu cérebro, a ponto de espertar exatamente à hora, que comigo mesmo assentava, ao dormir. Sucedia, muito amiúde, encetar eu a minha solitária banca de estudo à uma ou às duas da antemanhã. Muitas vezes me mandava meu pai volver ao leito; e eu fazia apenas que lhe obedecia, tornando, logo após, àquelas amadas lucubrações, as de que me lembro com saudade mais deleitosa e entranhável.

Tenho, ainda hoje, convicção de que nessa observância persistente está o segredo feliz, não só das minhas primeiras vitórias no trabalho, mas de quantas vantagens alcancei jamais levar aos meus concorrentes, em todo o andar dos anos, até à velhice. Muito há que já não subtraio tanto às horas da cama, para acrescentar às do estudo. Mas o sistema ainda perdura, bem que largamente cerceado nas antigas imoderações. Até agora, nunca o sol deu comigo deitado, e, ainda hoje, um dos meus raros e modestos desvanecimentos é o de ser grande madrugador, madrugador impenitente.

Mas, senhores, os que madrugam no ler, convém madrugarem também no pensar. Vulgar é o ler, raro o refletir. O saber não está na ciência alheia, que se absorve, mas, principalmente, nas idéias próprias, que se geram dos conhecimentos absorvidos, mediante a transmutação, por que passam, no espírito que os assimila. Um sabedor não é armário de sabedoria armazenada, mas transformador reflexivo de aquisições digeridas."

Rui Barbosa

TALENTO INTELECTUAL

As pessoas são diferentes, nascendo com aptidões maiores ou menores para uma ou outra atividade. Essa diversidade enriquece a humanidade e deve ser comemorada e compreendida. Seu filho terá alguma habilidade especial em alguma área. Assim como algumas pessoas nascem com pendor ou "jeito" para o esporte, outras nascem com pendor para o estudo, raciocínio, aprendizado, facilidade de comunicação etc. Esta habilidade precisará ser descoberta e desenvolvida. Não se sabe se ela será atlética, intelectual ou ainda outra.

Se o seu filho tiver talento intelectual, ótimo: ele será útil e, se bem aproveitado, dará ao seu filho, ou aluno um diferencial competitivo bastante relevante.

O talento intelectual pode existir como uma semente e ser destruído ou atrapalhado por falta de estímulo, de estudo, de atenção. Contudo, de um modo geral, o talento vai ser percebido naturalmente. Você perceberá que seu filho gosta bastante de leitura, de desenho, de criar alguma coisa, de argumentar, de falar, de escrever. A partir daí, a nossa função é dar espaço e apoio. A escola e os professores também lhe ajudarão a descobrir e aprimorar o talento dele.

E se meu filho não tiver talento?

Nesse caso, fique tranqüilo, pois a maior parte das pessoas não possui talento acima do normal. A falta de talento específico não impede o sucesso profissional de seu filho, pois, afinal, a capacidade de aprender é inata em todos os seres humanos. Apenas um pequeno percentual da população, inferior a 3%, é de gênios. Sempre existirá espaço para todos. A sua função será a de cumprir aqueles cuidados já mencionados anteriormente.

DESENVOLVIMENTO INTELECTUAL

"Genialidade é o talento acionado pela paixão."
(Manual de treinamento da 3M)

A diferença entre atividade amadora e atividade profissional no estudo é muito pequena. Quando pensamos em você, leitor, imaginamos o pai ou o professor que deseja que seu pupilo aprenda a se realizar, que tenha uma profissão, uma carreira. Para isso, todos estarão praticamente juntos, tanto os talentosos quanto as pessoas comuns.

O estudo dará certo se o aluno compreender sua utilidade e importância, de modo que estude mais por interesse do que por obrigação.

O primeiro passo é seguir as séries tradicionais do ensino fundamental e do ensino médio, e depois pensar em ensino profissionalizante ou em um curso superior. Paralelamente, saber que ao menos um idioma estrangeiro e o aprendizado da informática são exigências naturais no terceiro milênio, com o mundo globalizado.

Outro cuidado recomendável é levarmos os filhos ao gosto pela leitura. Quanto mais ele ler, melhor. A leitura abre mais campos e oportunidades do que qualquer outra atividade. Ela desenvolve a mente e proporciona imenso prazer. Entre em livrarias, vá a bibliotecas, dê livros de presente para seus filhos (livros de temas que ele goste). Se seu filho começar a ler livros só de um tema, alegre-se: a tendência é que ele tome gosto pela leitura e depois leia outros assuntos. Se ele não está lendo livros é porque os temas ou a faixa etária do livro não estão adequados. Em último caso, dê a ele revistas e... aos poucos... livros.

Existem alguns bons colégios públicos, acessíveis por concurso público. Tente colocar seus filhos neles. Escolas particulares têm programas de bolsas, em especial para bom desempenho. Há escolas específicas para vários caminhos profissionais diferentes. Pesquise onde seu filho pode se desenvolver.

Pensando no aspecto profissionalizante, existem diversos cursos públicos e particulares que ensinam profissões. Esses lugares servem para desenvolver seu filho e revelar habilidades. Aliás, assim como os clubes, as empresas têm seus "olheiros" nesses lugares. Outros cursos úteis são os do SESC, SENAI, SEBRAE. Pesquise. Os jornais, de um modo geral, informam a respeito de colégios, cursos, concursos públicos etc.

Para adolescentes, um bom caminho é aquele em que haja estágios e trabalho em tempo parcial, cabendo aos pais e professores oferecer material de estudo que leve o filho ou aluno a melhorar seu desempenho. Ele está vendendo? Dê de presente um livro sobre vendas, sobre *marketing*. Ele está numa empresa de propaganda? Dê algum livro sobre o assunto.

Mais algumas dicas:

1. Dê espaço para seu filho. Deixe que ele siga o próprio desejo e gaste o tempo que desejar na atividade intelectual. O cuidado a ser tomado, nesse ponto, é assegurar que ele reserve algum tempo para sociabilidade e para as atividades físicas. Uma coisa é deixar ele fazer o que gosta, o que é bom; outra coisa é não ensiná-lo que a vida tem várias facetas, algumas das quais indispensáveis.

2. No caso de muita timidez, procure aproximar seu filho de outros grupos que tenham gostos semelhantes. Eles se entenderão com maior facilidade e a sociabilidade estará sendo trabalhada.
3. Ensine a seu filho a virtude da humildade e o espírito de grupo. Crianças muito capazes podem tender a ser arrogantes ou individualistas. Mostre a ele que a natureza divide as habilidades entre os homens: uns são melhores em uma coisa, outros, em outra diferente. Mostre a ele como grupos são mais produtivos do que pessoas isoladas. Mesmo nos esportes individuais, um campeão precisa de uma equipe que trabalhe com ele: técnico, fisioterapeuta, massagista etc. Na ciência, os cientistas que trabalham sozinhos são minoria; o que acontece hoje é a criação de grupos de pesquisa para o desenvolvimento de novas idéias ou produtos. Somos sós, mas vivemos em grupo.

Com a palavra Diego Hypolito

A maior força que se vê nos braços de Diego, ao manipular com maestria os aparelhos da ginástica, está na cabeça dele. Diego pensa de forma positiva não por acreditar na força da mente, mas por um desejo irresistível de vencer sempre.

"Devemos ser positivos. Além disso, eu sou religioso. Acho que isso é importantíssimo. Devemos acreditar em Deus. Nisso você já será mais centrado. Devemos ter objetivos e persegui-los com ânimo. Dificuldades é o que mais se tem na vida, principalmente no Brasil, onde há muitos problemas, como muita corrupção, muita violência. Isso precisa ser revertido. Mas se você viver num mundo desses e não souber lidar com essas coisas, vai enlouquecer, vai ser triste e infeliz. A felicidade depende de nós, não dos outros. Se a gente não buscar a felicidade, não souber alcançá-la, não vai servir de nada. Não adianta eu querer que minha mãe, meu pai, minha irmã ou meu amigo sejam felizes se eles não querem ser felizes. A felicidade tem que fazer parte da gente. Fui pobre a vida quase toda. Hoje tenho condições financeiras melhores graças a minha família e ao meu esporte. Não sei até quando isso vai durar, até quando vão acreditar em mim. Tenho que mostrar para as pessoas, aos políticos, que é minha profissão. Eu faço por amor. Se fosse por retorno financeiro, teria desistido logo no começo. E sou muito sincero. Não coloquem seus filhos no esporte achando que vão ser milionários. Muitas vezes, vemos as pessoas colocando o filho no futebol porque acham que vão ganhar uma fortuna. Um em mil, cinco mil, vai ser um atleta de um clube. Quem sabe? É um sonho.

A vida não é fácil. Nada cai do céu. Não conquistamos tudo o que queremos. Deus dá as armas para lutarmos, mas se você não lutar, não vai conseguir. Deus me deu talento. Eu tento fazer por onde para lapidar e que isso me ajude na minha profissão, a ginástica. Muitas pessoas têm talento mas jogam-no fora. Não o aproveitam e também não se dedicam. Recebo muitas propostas legais, mas eu penso: isso não vai ser benéfico pro meu treinamento. Se não for benéfico pro meu treinamento, vou ter que eliminar aquilo porque a minha prioridade é o meu trabalho.

A concentração também é muito importante. A cabeça é o que mais atrapalha muitos atletas. Existem atletas que são muito bons, mas não sabem competir porque deixam o nervosismo derrubá-los. E é isso o que tentamos mudar. Você tem que esquecer o nervosismo e na hora da competição tem que imaginar que está num treinamento, num lugar bem tranqüilo. Ouça uma música. Na hora da competição, não gosto de ficar conversando muito como no treinamento. Nas semanas que antecedem a competição, eu mudo radicalmente. Sou muito mais centrado do que normalmente.

O nervosismo é o foco da balança. Se você não souber dosar o nervosismo, a sua própria adrenalina, numa competição, aquilo vai te dar muita força, você vai passar nos elementos, vai errar, ou então vai tirar sua força. Você tem que estar descontraído, mas concentrado.

Desde pequeno, a hora da competição não é hora de brincadeira. Eu chego para competir, levando a sério. Eu mudo totalmente meu semblante. Até por isso as pessoas têm a impressão de que sou fechado. Só que na competição não sou o Diego da minha vida pessoal. Sou bem sério na hora da competição. Você treina seis meses, um ano. Se você levar aquilo na brincadeira, pode jogar no lixo o trabalho de uma temporada. Se eu perder, se eu ficar em último, se eu cair, não foi porque percorri o caminho errado. Foi um momento que era para acontecer. Deus escolhe os nossos caminhos. Não sou eu que decido como vai ser na hora da competição. Mas a minha concentração será sempre máxima.

A ginástica tem uma equipe por fora. Fisioterapeutas, treinador, família. Pessoas que te apóiam para que você conquiste aquele resultado. Mas é um esporte individual. Se você erra, você não tem a oportunidade de uma segunda chance. Não é como o futebol. Na ginástica, se você falhar, não vai se classificar. É uma chance única. O ano que passou (2007) foi o mais difícil para mim. O ano em que eu tive que treinar mais, mais até que este ano (2008). As pessoas falam: "E aí, vai treinar muito este ano?" Estou treinando como treinei no ano passado. A vaga olímpica é mais difícil do que ser um campeão olímpico. Só ao conseguir a vaga fiquei muito emocionado.

Eu treino com o objetivo de ser campeão olímpico. Se isso vai acontecer ou não, eu não sei. Mas eu não vou chegar na olimpíada e dizer assim: "Não deu certo porque eu não tentei." Se acontecer de eu não ser campeão olímpico, o que, na graça de Deus, eu penso em ser, não vai ser por falta de treinamento, por não ter feito fisioterapia, por não ter estudado a ginástica, por não ter feito o melhor. Estou tentando este ano aproximar tudo para que seja mais fácil. Fazer tudo no ginásio, a fisioterapia. Não sei se vou estudar este ano, provavelmente não. Vou começar aulas de inglês. Para que minha vida seja em função do esporte."

capítulo 5

As virtudes que um atleta deve ter

Como já dissemos no capítulo anterior, o talento é um dom: nasce-se com ele ou não; sem talento é possível obter vitórias, mas será preciso treinar ainda mais.

Sempre precisaremos ter perseverança, treino, sacrifício etc., mas nem sempre obteremos o resultado desejado.

Também faz diferença a qualidade/aptidão física para o esporte escolhido. Ex.: na ginástica, força e flexibilidade, além de bom desenvolvimento psicomotor. Outro exemplo: corridas de curta e longa distâncias, onde a compleição física ideal do corredor é bem diferente.

As virtudes compõem a bagagem, mas o sujeito faz o próprio caminho. Bagagem não é o caminho, é a garantia de que é possível caminhar.

VIRTUDES IMPORTANTES

Todas estas virtudes, mesmo que possam ser inatas, são passíveis de desenvolvimento durante a vida do jovem estudante ou atleta. Os vários anos que um estudante ou atleta precisa para se desenvolver servem para esse aprendizado. A participação dos pais, dos técnicos, professores e atletas mais experientes tende a proporcionar experiências e campo fértil para o jovem amadurecer.

Atitude

Coragem

Perseverança/compromisso

Disciplina

Organização e planejamento

Auto-estima

Alegria

Flexibilidade

Capacidade de resistir à dor física e psicológica

Capacidade de recuperação

Autocontrole

Humildade

Ética e lealdade (*fairplay*)

Capacidade de lidar com o público e a imprensa

Ter metas

Virtude importante

Atitude

Já se disse que "atitude é uma pequena coisa que faz uma grande diferença". A atitude pode ser considerada, para esse nosso objetivo, como o conjunto de posturas, pensamentos, comportamentos e reações do atleta ou estudante.

Entendemos a atitude como resultado do conjunto das inúmeras virtudes que uma pessoa pode ter. Atitude mantém o "fiel da balança", o equilíbrio, a estrutura.

Segredo de Campeão

"Quando um jogador toma um frango, perde um 'gol feito', o público vaia e ele abaixa a cabeça, podem ter certeza: ele piora na partida. Ao contrário, se levanta a cabeça, olha para o público com confiança, tranqüilidade, vai melhorar em campo."

Tostão — "Lembranças, opiniões e reflexões sobre o futebol"

Virtude importante

Coragem

Uma das medalhas militares mais honrosas é a de "coragem sob fogo". Afinal, é sob fogo e no meio do combate que se descobre quem tem coragem... ou não.

Embora seja em regra uma virtude inata, a coragem pode ser desenvolvida ou atrofiada. A observação mostra que há meninos e meninas que começam sendo corajosos e depois mudam, quase sempre após alguma contusão, acidente, derrota ou humilhação. Outro grupo é daqueles que eram tímidos ou medrosos e o tempo e a experiência vão lhes dando confiança e coragem.

Um dos fatores que gera coragem é o treinamento correto, a confiança no professor ou técnico e, em especial, o fato de o atleta conhecer bem sua atividade e como ela funciona. O "como funciona" envolve as vantagens, os riscos e o saber sobre as técnicas para se cuidar, além de ter acesso a equipamentos adequados.

Um erro comum entre técnicos e professores é aproveitar a coragem inata do atleta e deixá-lo treinar em excesso ou expor-se a riscos desnecessários, antes de ter preparo suficiente. Às vezes, é melhor frustrar o aluno do que enviá-lo para a "jaula dos leões" antes de estar pronto.

O fato de permitir que o aluno progrida na medida em que tem condições técnicas e a extrema cautela nos equipamentos de segurança adequados vai ajudá-lo muito. No entanto, a atividade esportiva tem uma parcela de risco real: as lesões e acidentes fazem parte do sistema. Assim, apesar de todos os cuidados, o atleta deve ser avisado sobre esse risco. Paralelamente, devemos mostrar os inúmeros casos de atletas que tiveram problemas com lesões e conseguiram voltar com sucesso, como é o caso de Danielle Hypolito e Ronaldo. Isso vai ser útil para motivar o atleta lesionado.

No aspecto do estudo, a coragem exigida do aluno é pagar o preço do sucesso intelectual, que é o estudo com qualidade e regularidade. A coragem também será necessária para enfrentar os reveses e o olhar da coletividade nestes momentos.

É importante entendermos que o verdadeiro inimigo está dentro de nós mesmos. Coragem é a ousadia de se superar, de enfrentar as dificuldades e de vencer a si mesmo e aos próprios medos.

> "Coragem é ter ousadia de dar o primeiro passo,
> ou de tomar um rumo diferente.
> É a decisão de colocar seus sonhos acima de seus medos."
>
> (anônimo)

Virtude importante

Perseverança/compromisso

(Força de Vontade, Persistência, Constância de propósito)

Ao contrário do mero interesse por alguma coisa, significa querer com determinação. David McNally assevera que "compromisso é a disposição de fazer o necessário para conseguir o que você deseja". O mesmo autor cita, ainda, a explicação de Kenneth Blanchard: "Há uma diferença entre interesse e compromisso. Quando você está interessado em fazer alguma coisa, você só faz quando for conveniente. Quando está comprometido com alguma coisa, você não aceita desculpas, só resultados." É o compromisso que nos vai fazer sacrificar temporariamente o que for necessário para que possamos estudar e perseverar. Compromisso também pode ser entendido como perseverança, firmeza de vontade, constância de propósito, fortaleza.

O livro *O Maior Vendedor do Mundo*, de Og Mandino, tem um conceito de persistência: "O fracasso nunca me alcançará se a minha vontade de vencer for suficientemente forte." Ou seja, você pode até perder algumas vezes, mas vai continuar treinando e tentando até conseguir.

Thomas Edison disse que só conseguiu transformar em realidade sua visão mental da lâmpada elétrica na tentativa de nº 10.000. A cada fracasso, ele se animava a continuar, tentar. Dizia que havia descoberto mais uma forma de "não inventar" a lâmpada elétrica.

> "Nossa maior fraqueza está em desistir.
> O caminho mais certo de vencer é tentar mais uma vez."
> Thomas Edison

Virtude importante

Disciplina

Converse com seu filho mostrando que o compromisso e a disciplina são formas de conseguir o que se deseja. A disciplina pode ser ensinada e trabalhada por pais e professores, mas preferimos falar em "autodisciplina" para deixar bem marcado que é uma virtude que deve estar internalizada no comportamento do atleta ou estudante, uma atitude que deve ser estimulada.

Um dos maiores atletas que conhecemos, Oscar Schmidt, ensina que a diferença entre um bom atleta e um atleta medíocre (mediano) é que este pára diante das primeiras dificuldades ao passo que aquele, quando está cansado, dá mais uma volta na pista, e mais uma volta, e mais uma volta. Assim, aos poucos, vai melhorando, minuto a minuto. Não foi qualquer um que ensinou isso, foi um dos maiores jogadores de basquete de todos os tempos. Ele, na verdade, indicou uma qualidade indispensável para um atleta e para se alcançar um sonho: autodisciplina. Ele também ensina que é preciso ter humildade, não achar que se é o melhor, pois sempre temos algo a aprender e a melhorar.

Autodisciplina é a capacidade que a pessoa tem de se submeter a regras, opções e comportamentos escolhidos por ela mesma, ainda que diante de dificuldades. Como se vê, significa que vamos nos submeter a uma coisa ao invés de outra. Ninguém é completamente livre: somos sempre dependentes da disciplina ou da indisciplina. A disciplina permite escolhas mais duradouras e é uma excelente aliada para se obter êxito tanto nos esportes quanto nos estudos.

É a autodisciplina que nos dará poder para renunciar, ainda que temporariamente, a prazeres menos importantes em favor da busca por prazeres mais importantes. E é ela que nos levará a ter e a aproveitar bem a quantidade adequada de descanso e lazer para repor nossas energias físicas e mentais. Aqueles que se recusam a uma disciplina autoimposta se vendem à desorganização, preguiça ou falta de vontade. Nesse sentido, vendo as vantagens da autodisciplina, podemos dizer que o poeta Renato Russo estava certo quando cantava, na música *Há Tempos* em que "disciplina é liberdade".

Autodisciplina

Levemos nosso filho à conscientização de que ele é responsável por seu futuro. Listar objetivos e sonhos pode ser útil. Disciplina não é coação, não é repressão, não é ditadura. A disciplina se funda no próprio desejo do sujeito, no desejo de PODER SER.

Virtude importante

Organização e planejamento

A importância do planejamento e da organização foi claramente mostrada por Jesus (Lucas 14:28, 32), em parábola:

> Pois qual de vós, querendo edificar uma torre, não se senta primeiro a calcular as despesas, para ver se tem com que a acabar? Para não acontecer que, depois de haver posto os alicerces, e não a podendo acabar, todos os que a virem comecem a zombar dele, dizendo: Este homem começou a edificar e não pôde acabar. Ou qual é o rei que, indo entrar em guerra com outro rei, não se senta primeiro a consultar se com dez mil pode sair ao encontro do que vem contra ele com vinte mil? Caso contrário, estando o outro ainda longe, envia-lhe um embaixador, pedindo condições de paz.

Da mesma forma, quem começa um empreendimento deve planejar, providenciar o material necessário, administrar o tempo, para não começar um projeto despreparado.

Organizar-se é estabelecer prioridades

A conjugação do estabelecimento de prioridades (planejamento estratégico), com a autodisciplina (domínio próprio) e com a estruturação das atividades é a melhor forma de se obter tempo para estudar e treinar, para o lazer, descanso, família etc.

Leve seu filho a não deixar mais as coisas para a última hora, a não postergar compromissos, a saber do poder do AGORA. Qual a melhor forma: nós agimos assim e o acompanhamos por algum tempo nas suas atividades, até que ele desenvolva esse saudável hábito.

Atitudes recomendáveis:

- Organizar-se
- Definir prioridades
- Disciplinar o uso do tempo
- Estabelecer metas

Avaliação do custo e benefício

Umas das formas de ensinar seu filho a se planejar e a decidir é ensiná-lo a avaliar a relação custo × benefício, ou seja, a avaliar o preço a pagar por cada coisa e se esta vale o preço que custa.

A gente não acorda um dia e diz: "Hoje vou ensinar meu filho a relação custo × benefício." Isto é ensinado no cotidiano, em pequenas e homeopáticas doses.

O jornalista Adolfo Martins, citando Oscar Wilde, costuma repetir: "O materialista sabe o preço de tudo e não sabe o valor de nada, o idealista sabe o valor de tudo e não sabe o preço de nada."

A relação custo × benefício se baseia também nesta idéia: qual é o preço e o valor de cada coisa?

Por fim, lembremos que "there is no free lunch", ou seja, não existem almoços gratuitos. Tudo tem um preço, e o preço tem que ser comparado com o valor real do que se quer.

> "Melhor é o longânimo do que o valente, e o que controla o seu ânimo do que aquele que toma uma cidade."
>
> Provérbios 16:32

Virtude importante

Auto-estima

"Você é o seu maior investimento."
LOUISE HAY

Estimar é avaliar, orçar, calcular. Auto-estima é o preço que nos damos e que vivemos confrontando com o valor que o outro nos dá. A auto-estima será tanto maior e melhor quando aprendemos a nos avaliar bem, a nos aceitar como somos e a trabalhar para sermos melhores a cada dia. Paralelamente, envolve a capacidade de ouvir o outro para aprender com ele e com suas críticas, mas sem nunca deixar que o outro seja o dono da régua que nos mede.

Não sabemos explicar como funciona esse mecanismo, mas não temos nenhuma dúvida de que a auto-estima é essencial para quem deseja otimizar seu desempenho. Se uma pessoa se respeita e se estima, o seu cérebro irá empenhar-se para aperfeiçoar essa noção, para obedecer a essa programação. Se a pessoa se menospreza, se diminui e não se respeita, seu cérebro irá trabalhar para que essa imagem mental seja cada vez mais verdadeira. Se a pessoa vive dizendo que é "burra", que não consegue, seu cérebro vai simplesmente obedecer a esses comandos. Se a pessoa acredita que vai conseguir, que vai aprender, que pode vencer, seu cérebro irá esforçar-se para materializar essas visões.

Com baixa auto-estima é possível jogar e aprender, mas a experiência demonstra que se joga e aprende mais facilmente tendo auto-estima elevada.

Parece que somos educados para não nos amarmos, para acharmos que devíamos ou podíamos ser mais inteligentes, mais bonitos, mais talentosos, mais amados, mais simpáticos ou mais ricos do que realmente somos. Existe todo um arsenal de chavões e preconceitos que nos direcionam a nunca estarmos satisfeitos com o que alcançamos. Ao lado disso, as propagandas de rádio, TV e mídia impressa sempre procuram nos vender a imagem de que algo está faltando, algo precisa ser feito, admirado ou adquirido para que a vida seja perfeita. Além disso, vivemos em uma sociedade que de cristã tem apenas o nome. Pois ela é, no âmago, materialista, frívola e consumista, valendo para ela as pessoas pelo que têm e não pelo que são. Por fim, é próprio da natureza humana atentar mais para o que falta do que para o que sobra, para o mau do que para o bom. Tendemos a achar sempre que a grama do vizinho é mais verde. O resultado disso pode ser um grande prejuízo para a auto-estima. Faltam auto-aceitação, respeito e amor-próprio. Essa falha repercute nos nossos próximos, pois quem não se ama e não se respeita tem grande dificuldade para amar e respeitar o próximo.

> "Não adianta se preocupar com coisas sobre as quais você não tem controle quanto às que você tem, faça algo para resolvê-las, em vez de ficar se preocupando."

Estar vivo é a mais fantástica das oportunidades. Assim, começando por nos aceitarmos como somos, devemos trabalhar para nos transformarmos em pessoas melhores e úteis, em agregar valor àquilo que já somos ou temos. A partir daí haverá auto-estima e respeito próprio, bases excelentes para mudarmos nossa vida para melhor.

David McNally (na obra *Even Eagles Need a Push*) assevera que podemos compreender a auto-estima se imaginarmos nossa vida como um barco. Há peças que, se estiverem sozinhas, afundam: a hélice, o motor etc. Contudo, quando o barco está no mar, o conjunto flutua. Enquanto estamos vivos, estamos flutuando. Pode até haver partes de nós ou de nossa história que afundariam se estivessem isoladas, mas é o conjunto o que importa. Por isso, devemos aceitar o barco como um todo e navegar para frente. Ele mesmo assegura que durante nossa vida a tendência é deixarmos ir acumulando sujeira e detritos no casco do barco, fazendo com que ele perca velocidade e gaste mais combustível. Precisamos, rotineiramente, colocar o barco no estaleiro "mental" e limparmos sua sujeira. Será limpando preconceitos, mensagens falsas e/ou destruidoras, receios e traumas decorrentes de eventuais reveses e fracassos que poderemos deixar o casco limpo e pronto para singrar os mares.

Elogios e auto-estima

O elogio pode ser perigoso. A Bíblia afirma que o homem é "provado" pelos louvores que recebe; que os elogios o revelam. Devemos ter cuidado para, na hora da vitória, não nos fiarmos demais nos elogios. Eles podem fazer com que fiquemos vaidosos, deixando de treinar e lutar com disciplina e determinação.

Virtude importante

Alegria

A apreciação do próprio sucesso, das etapas vencidas, do acréscimo paulatino e constante de conhecimento ou habilidade são excelentes instrumentos para melhorar nosso desempenho e diminuir a tensão e o estresse. A alegria, mesmo com os progressos e vitórias parciais, ajuda na auto-estima.

William Douglas tem uma amiga que obteve nota 47 na prova para o Ministério Público, ficando reprovada por apenas 3 pontos em 100. Ela estava desconsolada. Quando percebeu que essa é uma nota excelente e que mostrava que ela estava no caminho certo, que com um pouco mais de sorte ou de estudo em breve teria sucesso, ficou consolada e... animada. Ela disse que estava triste porque "nunca tinha chegado tão perto". Eu apenas repeti a sua frase e disse então que ela devia se alegrar porque "nunca tinha chegado tão perto", ou seja, estava melhorando. Ao ouvir a mesma frase, com a entonação certa, ficou feliz.

> Devemos levar nossos filhos a se alegrarem com seus progressos. Se você se alegrar, já indicará o caminho.

A alegria e a tristeza são mais resultados de como vemos a realidade do que da realidade em si mesma.

Conta uma história que dois vendedores de sapatos foram enviados para fazer negócios na Índia. O primeiro voltou amargurado, pois ninguém usava sapatos. O segundo mandou um telegrama para seu chefe dizendo que iria ficar rico, pois naquela cidade ninguém usava sapatos *ainda*.

As duas pessoas estavam diante da mesma realidade, mas viam a situação de forma distinta, oposta por sinal. O mundo é da forma como o observamos.

Se aprendermos a ver, sentir e ouvir a realidade de um modo positivo e otimista, tudo ficará mais fácil. A forma como nossos filhos e alunos vêem o estudo e o esporte, o treino, as competições e as provas vai determinar boa parte dos resultados que serão alcançados.

Virtude importante

Flexibilidade

A capacidade de assimilação e adaptação foi mencionada por um grande general:

> "Não se planeja e depois se procura fazer com que as circunstâncias se ajustem aos planos. Procura-se fazer com que os planos se ajustem às circunstâncias."
>
> George C. Patton

A flexibilidade é a capacidade de assimilação e adaptação. Ela será importante em toda a vida e serve para que sejam feitas as modificações necessárias à medida que forem surgindo novas situações, circunstâncias, imprevistos etc. A flexibilidade é enormemente auxiliada por um espírito aberto, disposto a aprender, a se adaptar e a alcançar êxito. O judô ensina isso. Jigoro Kano, o criador dessa fascinante luta, observou que os galhos das árvores se curvavam quando o peso da neve ameaçava quebrá-los. Observou também que durante vendavais era comum que as árvores inflexíveis se quebrassem, ao passo que os ramos dos arbustos mais tenros, por se curvarem ao vento, resistiam.

Com esse ensinamento da Natureza ele desenvolveu uma luta onde há o princípio do "ceder para vencer", onde há inúmeros golpes de sacrifício (aparentemente perder para vencer) e onde as quedas produzidas no adversário utilizam não a própria força mas a força do oponente; uma arte em que a inteligência, a técnica e a suavidade superam a força e a violência. Ao lado disso, ensina-se que "Quem teme perder já está vencido". Soma-se à suavidade na forma um rigor sem limites na essência. Combina-se uma integridade de princípios e valores à delicadeza e brandura nos métodos. É a arte de "saber cair". O símbolo do judô (que significa "caminho suave") é uma brasa incandescente circundada por algodão. A pessoa é forte por dentro, mas sabe ser suave como o algodão.

Há uma frase em latim que afirma isso: *suaviter in modo, fortiter in re*. Suave no modo, forte na essência. Devemos ser assim: inflexíveis na busca de seu objetivo, flexíveis na forma de alcançá-lo. Suaves na forma; firmes em direção ao objetivo. Rigorosos nos treinos, suaves na espera pelo frutificar do esforço.

Se essa sabedoria milenar for incorporada a um projeto de vida, haverá um sistema muito mais saudável e eficiente. Precisamos aprender a hora de ceder e a de resistir, de ser suave e firme, sereno e forte. Sejamos flexíveis, rigorosos e tranqüilos.

Virtude importante

Capacidade de resistir à dor física e psicológica

A capacidade de resistir à dor é inata, mas também pode ser desenvolvida. A resistência à dor varia de pessoa para pessoa, e mesmo de sexo para sexo, sendo certo que as mulheres são mais resistentes à dor do que os homens. Se o atleta já nasce com a predisposição para enfrentar a dor, melhor; se não a tem, vai ter que compensar isso com a força de vontade e perseverança.

Um cuidado, por exemplo, é não permitir que o atleta use sua capacidade de sentir dor da forma errada, deixando de treinar adequadamente e com os cuidados devidos, expondo-se desnecessariamente a lesões.

O uso dos equipamentos e do treinamento adequado diminuirá a dor. A dor e as lesões serão menores na medida em que o técnico cuidar do atleta. Um jogador que complementa o treinamento específico de sua modalidade com alongamento, massagens, musculação voltada para sua modalidade, será mais bem-sucedido e será submetido a menos dor.

Quanto à dor psicológica, ela poderá ser mais bem enfrentada pelos atletas e estudantes que tiverem a auto-estima bem trabalhada e que se sentirem aceitos e admirados pelas pessoas que prezam. A dor pode ser inevitável, mas o sofrimento é opcional.

> "Nenhum homem pode conseguir grandes triunfos se não estiver disposto a fazer sacrifícios pessoais."
>
> Napoleon Hill

Virtude importante

Capacidade de recuperação

Quem não nasce com ela terá mais problemas. A solução nesse caso é disponibilizar para o atleta todos os recursos técnicos e médicos possíveis. E no caso dos estudos, que haja suporte institucional (da escola) e familiar (no acompanhamento cotidiano no lar).

Virtude importante

Autocontrole

Tem relação com o amadurecimento e deve ser trabalhado por pais e professores. É importante saber a hora de aliviar a pressão da criança ou adolescente e a hora de exercitar disciplina, orientando-o a não agir por arroubos, com raiva, por impulso.

Virtude importante

Ética e lealdade (Fairplay)

Devemos ser os primeiros a ensinar a nossos filhos e alunos as noções de respeito ao próximo, honestidade, ética e lealdade. São valores que irão acompanhá-los por toda a vida.

O ser humano é um território e, como em todo território, a noção de fronteira é inerente à noção de limite. A palavra Ética, do grego *ethiké*, sintetiza toda essa idéia de território, ou seja, a disposição interior de cada um, o temperamento. E quanto a isso, cada ser humano tem a sua individualidade, o seu espaço. O respeito pelo espaço de cada um pode ser resumido em ética. Uma pessoa ética tem clareza de territórios seus, e territórios alheios. Ajude seu filho a reconhecer e respeitar limites.

Lealdade significa honradez e jogar limpo é o significado do termo *fair-play*. A isto podemos acrescentar a idéia de "saber perder", de que não vale a pena, nem tem graça jogar (perdendo ou ganhando) sem respeito à integridade fisica e à integridade moral do adversário.

Para falar sobre ética nada melhor do que mencionar o livro *Tudo o que eu devia saber na vida aprendi no jardim-de-infância*, de Robert Fulghum.

> A sabedoria não estava no topo da montanha mais alta, no último ano do curso superior, mas no montinho de areia no recreio da escola dominical. Veja o que aprendi:

- Dividir tudo com os companheiros
- Jogar conforme as regras do jogo
- Não bater em ninguém
- Guardar os brinquedos onde os encontrava
- Não tocar no que não era meu
- Arrumar a "bagunça" que eu mesmo fazia
- Pedir desculpas, se machucava alguém
- Estudar, pensar, pintar, desenhar, cantar, dançar, brincar e trabalhar, de tudo um pouco, todos os dias.

Virtude importante

Capacidade de lidar com o público e a imprensa

Este parece ser um dos maiores problemas dos atletas que começam a se destacar ou que estão no topo. Isto pode atrapalhar uma carreira promissora ou encerrá-la antes do tempo. O desenvolvimento desta capacidade deve ser feito desde antes do sucesso, e cremos que a melhor forma de fazer isto é mostrar aos nossos filhos a atitude correta diante da vitória e da derrota, e o fato de que o sucesso é passageiro, mas nossos valores não.

Atualmente já temos apoio de psicólogos e assessores de imprensa, que ajudam intensamente neste item. Mesmo assim, cabe fazer algumas menções. A primeira é que, por mais inconveniente que às vezes possa parecer, o atleta e sua família, assim como qualquer outra celebridade, devem ter consciência, que ao optar pela vida pública terão algum assédio, que isso faz parte do jogo e, mais, que o dia em que este assédio não acontecer mais, poderão até sentir falta. O assédio também é um termômetro de sua popularidade e imagem, o que, por sinal, ajuda a trazer patrocinadores e contratos.

Entre os conselhos que normalmente damos para o atleta ou aluno que está em evidência, os mais importantes são:

Humildade — Virtude já mencionada. O assédio é maior na hora da vitória e é nela que o atleta mostra sua natureza, tendo a chance de agir com humildade. Esta atitude irá torná-lo ainda mais admirado e servirá de exemplo para uma multidão de pessoas.

Simpatia — As pessoas gostam e procuram ídolos, e o atleta é um dos mais amados. O atleta pode ser instrumento de alegria e satisfação para as pessoas, para o país. Ele pode tornar melhor o dia das pessoas, bastando atendê-las bem. Além disso, atender com simpatia quase que equivale a "tratar bem o cliente". Por mais que o atleta possa jogar para si mesmo e para seu próprio prazer, cabe lembrar que vivemos em um ambiente coletivo e devemos ser sociáveis, simpáticos, acessíveis. Ninguém é uma ilha. Ainda mais se tiver talento. Há atletas mais sociáveis e outros menos, mas todos nós precisamos de doses mínimas de educação, tolerância e simpatia.

Preservar sua privacidade/concentração nos treinos — É comum haver exagero ou abuso no assédio, e o atleta deve estar informado e seguro a respeito do seu direito de preservar sua privacidade. Deve saber que ser simpático não significa dar informações que não queira. Os atletas e seus técnicos também devem cuidar para que os treinos sejam preservados, pois, afinal, quem não treina bem e com concentração não se desenvolve.

Separar tempo para o público e a imprensa — Uma providência necessária é a elaboração de um cronograma de atendimento para público e imprensa, de forma a organizar melhor a vida do atleta. A atenção à imprensa e aos fãs é útil para o atleta e para a sociedade. O fato de haver momentos reservados para atender ao público e à imprensa vai, inclusive, reduzir o assédio em horas inadequadas e mostrar — com a educação que sempre é recomendável — que cada coisa tem sua hora e seu lugar.

Estar preparado para as horas de baixa — A perda de popularidade ou a cobrança por resultados excelentes todo o tempo pode trazer angústia ou depressão, cabendo ao técnico e à família dar apoio ao atleta. Saber que nenhuma fama ou glória é eterna e que a vida é cheia de altos e baixos ajuda nessas horas. Esta capacidade tem relação com a de recuperar-se e de resistir à dor psicológica, já mencionadas.

E a nossa parte?

Além do preparo dos atletas, nós — o público — e também a imprensa precisamos aprender, e, se preciso, sermos levados a aprender, a respeitar a privacidade e a vida pessoal dos nossos atletas. Não devemos aumentar o custo do sucesso para nossos campeões. O respeito ao atleta inclui não só sua vida privada e seus momentos de descanso, mas também o horário dos treinos, quando ele deve estar concentrado para melhorar seu desempenho. O assédio exagerado prejudica isso. A solução é que público e imprensa respeitem isso, e atleta, técnico, assessores e empresários providenciem as oportunidades para entrevistas, coletivas, autógrafos, reuniões, fotos etc.

Virtude importante

Ter metas

"A coisa mais importante na vida é saber o que é importante."

Otto Millo

"Metas são necessárias não apenas para nos motivar. Elas são essenciais para nos manter vivos."

Robert H. Schueller

"Se você acredita que pode, ou se acredita que não pode, você está certo."

Henry Ford

Para falar sobre metas, vamos citar o livro *Como Passar em Provas e Concursos**:

"Pois bem, na prova de aptidão física para o cargo de Delegado de Polícia, havia um candidato que tinha acabado de passar por grave problema de saúde. A bem da verdade, ele não tinha condições de fazer as provas, mas, tendo sido policial por toda a sua vida, o cargo de Delegado de Polícia era o ponto culminante de sua carreira. Durante a corrida de 2.400 metros, a ser feita em 12 minutos, ele foi ficando para trás. Como eu tinha o costume de correr, desde a época do Exército, sabia que ele poderia conquistar a chegada, desde que não parasse.

Assim, reduzi a passada (estava meia volta à sua frente) e iniciei uma série de palavras de encorajamento. Ele estava bastante exausto e certo de que não conseguiria. Então comecei a dizer que ele já havia logrado êxito nas provas escritas, que faltava pouco, que ele não podia desistir, que ao final da pista estava o cargo, estava o salário, estava a tranqüilidade, estava a realização profissional; enfim, tudo o que ele sempre sonhou. Eu apenas o fiz perceber o que ele queria. Muitas vezes a dor, o cansaço, a dúvida, fazem com que a visão do sonho se torne turva e por isso muitos desistem. No entanto, diante de estímulos, a pessoa consegue reunir forças e prosseguir. É dito na Infantaria que, quando um homem acha que está no seu limite, ainda tem, pelo menos, mais 30% de força. E foi com esse ânimo, essa coragem que corremos quase uma volta, e eu ao seu lado falando, falando, falando.

> "Eu não tenho ídolos. Tenho admiração por trabalho, dedicação e competência."
>
> Ayrton Senna

* William Douglas, Ed. Impetus, 15ª edição, 2004.

Faltando meia volta para o final, ele (que ainda não tinha percebido) perguntou:

— Será que vai dar?

A resposta foi simples:

— Meu amigo, já deu! Só falta meia volta.

Aquele homem conseguiu chegar porque tinha um objetivo, um sonho concreto, vontade. Se houve alguma ajuda, foi apenas lembrá-lo de seu sonho em um momento quando as dificuldades e a dor poderiam obscurecer sua visão do objetivo. Ele, por sinal, ainda se superou no dia seguinte, no salto em distância. Havia apenas três chances e apenas na terceira ele conseguiu, mas conseguiu porque sabia o que queria. Hoje ele é o que sempre quis ser, e teve coragem de lutar para ser. As coisas deram certo porque havia um objetivo claramente definido."

Portanto, tenha metas válidas e trabalhe para realizá-las.

Falando sobre metas, citamos Lars Grael:

"No esporte, a determinação é importante. As metas, entretanto, têm que ser alcançáveis. Isso também vale para a vida. É preciso subir degrau por degrau, ciente do que você quer e de suas limitações."

> "Obstáculos são aquelas coisas assustadoras que você vê quando deixa de focalizar as suas metas."
>
> (anônimo)

Com a palavra Diego Hypolito

Diego Hypolito sabe reconhecer que toda virtude dele é pouco. Não teria chegado aonde chegou sem sua família e sua equipe. Isso é humildade, condição básica para se estar sempre entre os primeiros.

"O mais importante de tudo é a família. Se a criança não tiver respeito pelo treinador, não tiver educação, não dá certo. A minha família sempre acreditou em mim. Meus pais que fizeram isso. O Diego é só o personagem no pódio. Na hora da competição, tem que ter sangue-frio. Posso estar morrendo de medo, mas tenho o pensamento de que vou conseguir. Na carreira de um atleta, a dedicação é muito importante. É preciso levar muito a sério o trabalho. Entrar de cabeça no que você faz. Para isso é necessário disciplina. Faz parte da dedicação. Obstinação também é muito importante.

Precisamos ver longe, pensar no dia de amanhã, nos prós e contras para estar preparado, poder enfrentar algum aspecto negativo. Ter paciência também é fundamental. Eu tenho uma meta, que está lá na frente. Para alcançá-la terei milhões de dificuldades. Disciplina é importantíssimo.

A vida é monótona, mas é isso que faz com que ela dê certo. Tem que ter uma certa regularidade. A disciplina e a dedicação estão muito próximas uma da outra, mas talento não é tudo. Deus dá o talento, mas se a pessoa não souber aproveitar, com certeza vai tudo embora. Humildade é muito importante. Há pessoas que quando têm um cargo, uma coisa a mais, já se sentem superiores. Na realidade, todo mundo é humano, e o fim delas é o mesmo. Você acaba humilhando as pessoas, deixa de valorizar a sua raiz. Não tenho vontade de ser famoso, isso foi apenas conseqüência do meu trabalho. Sinto-me um exemplo para as crianças e para a juventude. Vemos milhões de pessoas fazendo coisas erradas por aí."

Diego
Hypolito

capítulo 6

As falhas mais comuns

INTRODUÇÃO

Todos temos falhas, isso é o óbvio. Um campeão é aquele que consegue corrigir suas falhas e fazer com que suas virtudes tenham mais peso que suas limitações.

Em seguida, mencionaremos algumas das falhas mais comuns, as quais, se evitadas, resultarão em grande ganho para o atleta e sua equipe.

As falhas mais comuns e como evitá-las

Falta de disciplina

Falta de concentração

Erro na dosagem/quantidade de treinamento

Falta de avaliações periódicas

Confiar demais no técnico

Acomodação

Falta de motivação

Pressa por resultados/impaciência

Cobranças por erros
cometidos no passado

Falta de boa administração do tempo

Falta de lazer

Falta de disciplina

Um atleta disciplinado chegará mais longe que aquele que confia demais em si mesmo e não treina direito ou não respeita seus adversários. O atleta precisa aprender a se organizar, a administrar seus horários e a cumprir planos e metas. Isto ajuda não só no esporte, mas em qualquer atividade produtiva. Os horários devem ser cumpridos à risca. O planejamento feito pelo técnico deve ser seguido a todo custo. Para se alterar alguma coisa, o técnico deve ser consultado.

No estudo, a necessidade de disciplina é a mesma. E nos dois casos, é importante dosar bem a quantidade de treino/estudo e a de lazer. Assim fica mais fácil obter ânimo e disposição do atleta/aluno.

Todos sabem que a disciplina é uma estratégia eficiente. Por outro lado, crianças e adolescentes precisam de um mínimo de liberdade para estarem bem. As fases da vida também têm suas particularidades: crianças têm excesso de energia e adolescentes muito sono. Logo, pais sábios não tentarão mudar a natureza, apenas administrarão as características próprias da idade e, claro, as características individuais de seu filho. Lembremo-nos de que cada pessoa tem sua individualidade. E não fiquemos preocupados se nem sempre formos eficientes e perfeitos como pais e mestres. Ninguém acerta nem erra o tempo todo. Nem nós, nem eles. Precisamos ter eficácia (potencial para), mas dependendo do momento de vida de nossos pupilos, às vezes a eficiência (qualidade do eficaz) pode variar. É como dosar uma medicação.

Feitas essas ponderações, é lógico que todos precisamos desenvolver disciplina. A disciplina é uma das bases do desenvolvimento pessoal e da realização de metas e projetos.

Para você desenvolver a disciplina de seu filho, precisará dosar os horários de trabalho (estudo/treino) com os de lazer, e premiar o esforço de seu filho.

Controlar um filho é como segurar um sabonete molhado: não podemos apertar demais ou de menos, pois senão o sabonete cai... ou pula. O controle aliado à ansiedade é destrutivo, elimina qualquer possibilidade de prestarmos atenção ao momento que transcorre.

> "Conformidade é carcereira da liberdade
> e inimiga do crescimento."
>
> John F. Kennedy

Falta de concentração

O atleta deve se concentrar o máximo possível durante os treinamentos. A conversa, as brincadeiras, pensamentos em outras coisas, são problemas a serem evitados. Em esportes coletivos, e principalmente se tratando de adolescentes e jovens, o grupo deve ser controlado para o treino não virar apenas brincadeira. Tratando-se de crianças, a exigência de concentração tem de ser compatível com a idade delas. Criança é criança.

A concentração também é necessária no estudo e se o atleta entender a importância desse diferencial, a mesma capacidade de se concentrar que desenvolve no esporte servirá para a escola e a faculdade. Concentração e atenção são correlatas. A atenção dá a modulação da consciência. Se estamos educando/ensinando crianças, precisamos saber que sua consciência é vinculada à medida de prazer. A atenção infantil é hedonista: busca o traço prazeroso, toma consciência do que é bom. A atenção juvenil é de confrontos, de disputas, de ultrapassagens. Por isso, o jovem toma consciência rapidamente das situações de disputa. Mas como ambos caminham para serem adultos, devemos atraí-los, lentamente, para a consciência, pela linguagem, despertando-os para a atenção nas conversas, nos diálogos.

Erro na dosagem/ quantidade de treinamento

Dificilmente um atleta sabe exatamente em que dose treinar. Eles tendem a acreditar que estão treinando muito ou pouco. Então, ou ficarão menos disciplinados, tratando-se com uma indevida autotolerância excessiva, ou vão acabar se estressando, mental ou fisicamente, por excesso de treino. O ideal é estar sempre com acompanhamento, pois quem tem que dizer o volume de treinamento é o técnico. Treino demais, ou de menos, prejudica o desempenho do atleta.

No estudo, a quantidade de treinamento é normalmente dosada pela escola. Além disso, o acompanhamento dos pais ou responsáveis quanto ao estudo em casa e cumprimento das tarefas escolares vai ajudar o aluno. Esse acompanhamento deve ser feito "a meia distância", sem pressão demais e sem excesso de tolerância. Os pais e professores devem transmitir aos filhos e alunos as noções de equilíbrio e necessidade de esforço pessoal, de modo que — pouco a pouco — eles saibam agir sozinhos. Em termos de competição esportiva profissional, a tendência é que sempre haja acompanhamento técnico. Na atividade esportiva amadora o acompanhamento técnico pode ser mais eventual.

Falta de avaliações periódicas

O atleta e seu técnico devem avaliar como foi a sua semana de treino. Isto é importantíssimo, pois o atleta tem que desenvolver sua autocrítica e humildade suficiente para analisar sua situação e buscar os progressos necessários.

No estudo, temos as avaliações pessoais, que dizem respeito à capacidade de o próprio aluno perceber como está se desenvolvendo, e as avaliações da escola. As avaliações escolares serão as provas e, ao se tratar de vestibular, as provas simuladas. Procure mostrar a seu filho que estas ocasiões não devem ser vistas como problemas ou um martírio, mas como a oportunidade de saber como se está e em que aspecto é necessário melhorar.

Confiar demais no técnico

Pode parecer estranho, mas isso acontece. Muitos pensam que por ser o técnico competente, o atleta também será. Isso não é verdade. O trabalho é de parceria, ambos devem fazer sua parte com eficiência.

A mesma coisa acontece com professores e escolas. Alguns alunos acreditam que por estudar com este ou aquele professor, neste ou naquele colégio, terão facilidade sem o envolvimento com a responsabilidade. É nossa função evitar esse equívoco. Por outro lado, estudar em um bom colégio tem sido fonte de estresse extra para muitos alunos, que se sentem cobrados por resultados excelentes, em virtude do local onde estudam. E é comum os pais jogarem sobre os filhos cobranças desse tipo, até mencionando o alto valor das mensalidades. Nesse caso, vale lembrar que todo o mundo tem suas limitações e o sagrado direito de errar, falhar, não conseguir. Desse modo, é preciso sabedoria e paciência para mostrar ao aluno a necessidade de fazer sua parte... mas lhe dar um mínimo de tranqüilidade para trabalhar ou treinar. Todo resultado se constrói no caminho entre o trecho que o filho/aluno percorre e o que nós percorremos ao lado dele.

Acomodação

É muito comum o atleta ou o aluno se acomodar por ter conseguido um bom resultado. Como já dissemos antes: o mais difícil é se manter no topo, por isso, o atleta não deve se acomodar. Isto também acontece no estudo: os mais inteligentes podem virar preguiçosos, pois não precisam se esforçar para acompanhar o grupo. Outro caso é o dos simulados para o vestibular, onde quem se dá bem, relaxa demais e acaba não passando.

Falta de motivação

A motivação deve ser treinada e mantida. Evite que seu filho ou aluno perca a motivação quando um resultado programado não acontece. Acompanhe-o para saber como ele está pensando ou se sentindo de modo a encaminhá-lo para que, diante do insucesso, recarregue suas forças e disposição para buscar aquilo que sonha ou deseja. O atleta sempre deve buscar a motivação: ela é a alma de tudo que fazemos na vida.

Falaremos mais sobre motivação no capítulo 7.

Pressa por resultados/impaciência

A tendência da criança e do jovem é a impaciência, a pressa, o imediatismo. Seja por competir, seja por ganhar, seja por ir adiante nos treinamentos e exercícios, mesmo quando ainda não estejam suficientemente maduros. Nesta hora, devemos agir, orientar e, se preciso, disciplinar.

A idéia de estabelecer prazos para ter resultados — seja em anos ou em número de competições, concursos ou tentativas — é equivocada. Uma boa demonstração disso é observar a natureza. Observar o bambu chinês e um homem quebrando pedras nos traz lições preciosas.

O bambu chinês, depois de plantado, passa cinco anos sem crescer nada para cima do solo. No sexto ano, contudo, chega à impressionante altura de 24 metros. Pela lógica humana, deveria crescer 4 metros por ano. Mas a natureza tem sua própria lógica.

Da mesma forma, quem está batendo com um martelo em uma pedra pode dar 20 marteladas e não ver nenhum efeito. De repente, a 21ª martelada esmigalha a pedra.

Qual foi a martelada que funcionou? A 21ª? Não! A resposta certa é: o conjunto das 21.

Da mesma forma, devemos levar nossos filhos a não desanimar achando que os resultados não estão aparecendo. Nossos cérebros e sua aprendizagem, nossos corpos e seu preparo, funcionam pelas regras da natureza. Os resultados só aparecem depois de um tempo. É preciso ficar martelando, mesmo sem ver resultados, até que — aparentemente de repente — as coisas acontecem.

Cobranças por erros cometidos no passado

Devemos libertar filhos da carga dos erros e desacertos do passado. Para mostrar um exemplo de como se pode carregar o que já se passou, contaremos a história do monge, do discípulo e da donzela: Era a manhã de um belo dia. Um velho monge, acompanhado de um discípulo, estava para atravessar um córrego quando o jovem, avistando uma belíssima donzela, ofereceu-se para levá-la até a outra margem em seus braços, para que ela não molhasse seus pés. A moça recusou, mas disse que aceitaria a oferta de ser carregada pelo monge, que, em sua bondade, gentilmente assentiu. O mestre e seu aprendiz prosseguiram viagem até o anoitecer. Quando estavam para dormir, o rapaz comentou, num suspiro, e com a voz carregada de consternação: "Poxa, mestre, o senhor carregou aquela mulher linda nos braços..." O monge apenas disse: "É, meu filho, e você continua carregando-a em suas costas até agora..."

Outra história serve para mostrar como é simples e importante largar as más recordações do passado e as coisas que nos são prejudiciais. Na África, uma das formas utilizadas para caçar macacos é pegar um coco e fazer um buraco em cada extremidade. No primeiro, menor, amarra-se uma corda fixada a uma árvore. O segundo buraco, um pouco maior, tem diâmetro suficiente para um macaco colocar sua pata (mão), desde que a estique juntando os dedos, tal como um humano faz para colocar um bracelete ou pulseira que não tem fecho (que não se abre). Dentro dessa singela arapuca, se coloca algum fruto, noz etc. O macaco introduz a mão na cumbuca, envolve a noz e... segurando-a, o diâmetro assumido pela mão não é o suficiente para que consiga retirá-la de dentro do coco. É claro que se o macaco soltar a noz, sua mão sairá e ele retornará à liberdade. Só que o macaco não raciocina, fica segurando a noz e sacrifica sua vida. Por isso o provérbio: "Macaco velho não mete a mão em cumbuca."

Muitos humanos fazem o mesmo: querem tanto alguma coisa que terminam por sacrificar valores mais importantes, às vezes sua própria vida, para não soltarem aquilo que querem, mesmo que as conseqüências sejam catastróficas. Só que humanos, querendo, podem raciocinar, decidir, aquilatar e escolher os valores que devem preponderar.

Deixemos de carregar o peso do passado. O passado serve para ensinar, para trazer experiência, para dar aula sobre como agir melhor no futuro. Não é para ser carregado como um fardo. Nesse sentido, embora fora do contexto em que foram ditas, vale mencionar o ensino do Apóstolo Paulo: "(...) uma coisa faço, e é que, esquecendo-me das coisas que atrás ficam, e avançando para as que estão adiante, prossigo para o alvo" (Filipenses 3:13, 14). Não devemos ficar lamentando o que passou, mas trabalhar pelo amanhã.

Não devemos viver "rebobinando a fita", o filme tem de prosseguir. O passado serve como uma fonte de experiência, mas não deve se constituir um fardo. Precisamos aprender com o passado, mas jamais deixá-lo prejudicar nossa disposição de olhar e pensar para frente, para o futuro. E, acresça-se, com otimismo. Ao lidar com nossos filhos, devemos evitar cobranças dos erros do passado. O passado serve para ensinar, não para humilhar. A palavra que move é atualização; o mesmo rio não passa duas vezes pelo mesmo lugar. A vida é o novo, não é de novo.

Falta de boa administração do tempo

Um dos fatores para o desempenho de seu filho é a boa administração do tempo, com equilíbrio entre estudo, treino, descanso e lazer.

Num primeiro momento, cabe a você dividir o horário de seu filho para que ele faça tudo o que é necessário para o próprio desenvolvimento. O segredo está em criar um horário possível de ser cumprido, com equilíbrio e harmonia. Não adianta lotar o horário de seu filho com uma longa lista de atividades e levar seu pequeno campeão a um processo de estafa.

Aos poucos, cabe a pais e professores ensinar o filho ou aluno a, ele mesmo, organizar seus horários e cumpri-los. Sempre com equilíbrio, dividindo o tempo de modo razoável, contemplando os períodos necessários de descanso, estudo, treinamento e lazer.

Falta de lazer

Crianças e jovens precisam disso. Aliás, nós todos precisamos. Separe horários de lazer para eles. No caso do lazer, dê preferência ao gosto do seu filho, mas tente inserir atividades criativas, sociais e culturais. Participe, com ele, de atividades que realcem a responsabilidade social e ecológica, em especial atividades que desenvolvam a solidariedade humana e a cidadania.

O lazer irá ajudar seu filho a recompor as energias e a render mais no estudo ou no esporte. O lazer contribui para diminuir o risco de estresse por excesso de tarefas e/ou de cobranças.

> "Quem se esquece de seus erros está condenado a repeti-los."

Com a palavra Diego Hypolito

Com 14 anos de prática esportiva, Diego aprendeu a ouvir críticas que ajudam a tornar sua performance ainda melhor.

"Precisamos saber ouvir as pessoas que estão do nosso lado, como o treinador e os companheiros de treinamento. Na hora do trabalho, muitas vezes não vemos nosso próprio erro, por estarmos estressados ou com a cabeça quente. E a pessoa que está ali de fora vê melhor do que nós. Há coisas com que eu não concordo, mas mesmo assim eu ouço. Se a pessoa está falando, está tentando ajudar, devo saber ouvir, ter a cabeça aberta para isso. Hoje o Renato, meu técnico, não me ensina mais os elementos. Ele é um psicólogo. Eu fico o dia inteiro com ele. Ele é meu pai. Às vezes, ele me conhece melhor do que meus próprios pais. O Renato tem sido essa base. Ele me dá bronca. É meu amigo. Se ele tiver o comando do meu treinamento, por mais que eu reaja, sempre penso que ele está certo.

Estou em um grupo muito bom, que eu considero uma família. São pessoas que estão ali para me ajudar. Como há pessoas que gostam de nós, tem quem não vai gostar, independentemente se for uma pessoa tranqüila, uma pessoa boa ou ruim. Críticas na vida são na realidade construtivas. Tem que saber ouvi-las. Muitas vezes, as críticas vêm para te auxiliar, para te mostrar se você está correto ou não. Eu sei escutar e fazer um julgamento se está correto ou não. Mas é preciso saber escutar. O que mais me entristece são as pessoas invejosas. Isso é ruim. Os aparelhos estão ali. Quem quiser alguma coisa, treine. Não adianta as pessoas terem inveja umas das outras. Cada um tem o que Deus decidiu e o que as pessoas buscarem. Eu sou bem centrado e consciente do que faço. Tento ser o menos ganancioso possível. Dinheiro transforma muito as pessoas."

CAIXA

capítulo 7

Motivação

A motivação é o que vai manter seu filho de pé nos momentos de desânimo e cansaço, de derrota ou frustração, nas horas de contusões ou insucessos em provas, no colégio ou nos embates naturais da vida. Certas vezes, você verá seu filho ou aluno desistir e jogar tudo para o alto..., mas se ele tiver uma boa base e apoio, em algum tempo ele recomeçará a trabalhar pelo que sonha.

O QUE É MOTIVAÇÃO

A *motivação* é uma das características dos grandes campeões no esporte e na vida intelectual. Podemos entender a motivação como o motivo ou conjunto de motivos que leva alguém a se esforçar, a agir, persistir ou trabalhar em prol de algum objetivo. A motivação conjuga-se no verbo *precisar*. Precisão é alvo. O que se precisa atingir. A motivação reside na intenção.

Para dar um exemplo, uma pessoa pode resolver estudar com o intuito de passar em um concurso público para obter um emprego seguro e bem remunerado, para ter *status*, para ser útil à sociedade, para ter mais tempo para estar com sua família, para ter como investir numa outra carreira ou atividade. O concurso público pode ser o sonho (salário, emprego, segurança) ou a porta para o sonho (família, tempo, dinheiro para custear algum outro projeto).

A motivação é estritamente pessoal

Ninguém fica muito tempo fazendo algo para o qual não tenha um interesse pessoal. Em razão disso, pais e mestres devem descobrir o que faz o filho/aluno sair da inércia, se mexer, buscar, persistir. Se faltar habilidade para descobrir o que motiva seu filho ou aluno, a tendência é que o esforço dele não seja mantido pelo tempo suficiente para se colher frutos.

A motivação é móvel

Por residir na intenção (base da consciência), a motivação sempre existe, mas pode ser estimulada ou negada pela percepção da vida.

Claro que você pode ter tido a sorte de encontrar um filho ou aluno já motivado, que sabe o que quer, mas isso nem sempre acontece. Você pode participar da construção de uma base motivacional para o crescimento de seu filho ou aluno. Por outro lado, mesmo as pessoas mais motivadas têm seus momentos de desânimo, e neste momento a influência de pais e professores pode fazer grande diferença. Algumas vezes, será o pai, mãe, professor ou alguém próximo que precisará apenas lembrar ao jovem o que ele quer.

> "Você é livre para fazer suas escolhas, mas é prisioneiro das conseqüências."
>
> (anônimo)

COMO MOTIVAR

Tudo pode servir de motivação, pois as intenções variam de pessoa para pessoa. Deixe seu filho ou aluno falar e você descobrirá o que o motiva. A partir desse ponto, procure trabalhar de modo a fazer seu filho ou aluno visualizar, sentir, perceber as coisas positivas que estão ao seu alcance.

Desenvolva nele a noção de custo e benefício, mostrando que tudo na vida tem um preço e que cada um deve aprender a decidir o que deseja e qual preço está disposto a pagar pelo que deseja. Interpretar a vida e seus motivos é colocar um preço — *inter precium* — entre o sujeito e o que ele deseja.

Até certa idade, as únicas motivações são o prazer do esporte ou estudo em si mesmos e o prazer que a criança tem em brincar. Ou os pais e professores conseguem fazer com que o esporte e o estudo (leitura, artes, cultura) sejam lúdicos, gostosos, legais, ou podem esquecer, pois seu filho ou aluno não vai participar.

Com o tempo, e principalmente com a idade, a criança poderá se motivar com competições e premiações. As sensações de vitória e apreciação popular podem fazer com que a criança tenha interesse em se sair bem em algum esporte ou nas atividades intelectuais da escola (concursos, apresentações, peças teatrais etc.).

Numa fase posterior, a motivação poderá ser o futuro profissional, o sucesso etc. Os pais devem evitar atribuir precocemente aos filhos esta espécie de preocupação. O amadurecimento próprio da adolescência e a inserção na vida social farão com que esse interesse surja na mente de seu filho ou aluno. Nessa hora, tais vantagens poderão ser mostradas, juntamente com o preço delas. E, igualmente, ir desenvolvendo a noção de que o sucesso é mais do que fama e dinheiro. Sucesso é estar bem consigo e o jeito como se vive.

Em preparação para o vestibular, costumamos mostrar que mesmo que o aluno goste mais de praia e namoro, o estudo esmerado irá proporcionar uma série de vantagens. Por exemplo, quanto maior a qualidade do estudo, mais tempo vai sobrar para o lazer... e que o ingresso na universidade trará uma série de benefícios, oportunidades, e assim por diante. Inclusive a chance de o vestibulando conhecer um monte de gente nova e interessante.

Procure ver as coisas pela ótica do seu filho. Veja o que pode interessar a ele, não a você.

> "Você tem que ser esperto para ser o nº 1 em qualquer negócio. Mas muito mais importante é que você tem que jogar com o coração, com garra, com cada fibra de seu corpo. Cada centímetro seu deve jogar."
>
> Vince Lombardi

A motivação é cíclica

Entenda que a motivação é como um pulmão em funcionamento, ou seja, ela aumenta e diminui em ciclos. Haverá momentos em que seu filho estará supermotivado e outros nos quais estará desanimado. Isto é normal, funciona assim mesmo. O importante é que a média desse pulsar, dessa linha oscilante para cima e para baixo, seja positiva. Ocorrem altos e baixos, mas sempre deve haver um mínimo de disposição para fazer o que deve ser feito.

Seu trabalho como pai é acompanhar o movimento para frente e para trás desse balanço. Quando seu filho estiver muito motivado, deixe-o tranqüilamente. Dê linha. Apenas evite a hiperexcitação e a euforia. Nessas horas, lembre-se de que nada de muito valor é fácil, que tudo tem seu preço etc. Quando seu filho estiver motivado sem exageros, ótimo. Quando estiver num período de "para trás", tente ajudá-lo, empurre-o, puxe-o.

Como ajudar meu filho em momentos de baixa motivação?

Para ajudar seu filho em período de baixa motivação, faça-o recordar-se dos sonhos, daquilo de que gosta, deixe-o sentir de novo aquilo que já o motivou antes. Mostre as vitórias, progressos e bons momentos que ele já teve. Não o pressione. Esta é a pior hora para um "sermão". Faça-o rir, converse. Se ele quiser chorar, deixe-o chorar. Em geral, quando alguém chora, basta a companhia e uma mão no ombro para a pessoa se sentir melhor.

Não se impressione ou desanime se a reação do seu filho for ruim. Mesmo que ele não diga, a sua confiança nestas horas servirá como uma semente que frutificará depois. Mesmo que ele seja áspero ou dê alguma resposta dura para suas palavras de conforto, em algum lugar dele as suas palavras e atitudes positivas serão registradas e terão resultado. Mas não se esqueça de levá-lo a emitir seus próprios conceitos. O que é *bom*, *mau*, *certo*, *errado*, *justo* é o que *cabe*; e o que *cabe* depende do tamanho de cada um.

A MOTIVAÇÃO E O USO DAS PALAVRAS

> "Devemos pensar muito antes de falar, pois as nossas palavras plantarão a semente do triunfo ou do fracasso no espírito de alguém."
>
> Napoleon Hill

O que você fala ou repete tem poder sobre seu futuro. E terá também sobre o futuro de seu filho e/ou aluno, pois ele acredita na sua autoridade. Portanto, é sua tarefa falar coisas boas, construtivas e positivas, e levar seu filho ou aluno a utilizar a linguagem como fonte de vitória e não de derrota.

As palavras têm poder. A linguagem humana é extremamente desenvolvida e não pode ser desprezada. O que você fala programa sua mente. As atitudes influenciam o comportamento e o comportamento traz resultados.

O uso das palavras atinge tanto os pais quanto os filhos. Fazer mau uso delas é uma falha tanto dos atletas quanto dos pais. Neste ponto, você não só deve levar seu filho a falar o que é mais positivo, mas deve ser, também aqui, o primeiro a dar o exemplo.

Por incrível que pareça, basta substituirmos algumas palavras por outras "cerebralmente corretas" que nosso desempenho será aumentado. Vejamos no quadro a seguir:

Palavras e expressões que podem prejudicar o rendimento	Explicação ou razão da utilidade da substituição por palavras melhores	Palavras e expressões mais adequadas para serem utilizadas
NÃO Exemplos "Não pense em comida." "Não pense em derrota." "Menino, não bata a porta!"	Para se compreender a palavra "não" o cérebro a conecta à imagem do que não se quer. Imagens são mais fortes do que palavras. No 1º exemplo, a pessoa vai pensar em comida.	Mude a frase, invertendo o sentido de forma a não utilizar o "não". Fale o que você quer e não o que não quer. Exemplos: "Pensem no trabalho."; "Pense em vitória." "Menino, feche a porta com carinho."
MAS Exemplos "Fulano é talentoso, mas é indisciplinado." "Foi bom, mas demorou."	A palavra "mas" nega tudo o que vem antes.	Substitua "mas" por "e" quando indicado. Exemplos: "A aula foi boa e demorou." Além disso, melhor seria falar "Fulano está indisciplinado", como forma de não tachar a pessoa, deixando aberta à hipótese de melhora.
TENTAR Exemplos "Vou tentar estudar." ou "Vou tentar treinar."	A palavra "tentar" pressupõe a possibilidade de falha.	Em vez de "vou tentar" diga aquilo que vai fazer, simplesmente não usando a palavra "tentar". Exemplos: "Vou estudar"; "Vou conseguir"; "Vou fazer."
DEVO, TENHO QUE OU PRECISO Exemplos "Eu devo treinar." "Eu tenho que estudar." "Eu preciso estudar."	As palavras "devo", "tenho que" ou "preciso" pressupõem que algo externo controla sua vida. Funciona como se alguém estivesse lhe obrigando e isso cria uma espécie de rejeição mental à matéria.	Conscientize-se de que você tomou a decisão. Assim, em vez de "Devo", "Tenho que" ou "Preciso", use "Quero", "Decido", "Vou". Exemplos: "Eu quero estudar"; "Decidi não ir ao cinema"; "Vou aprender."
"NÃO POSSO" OU "NÃO CONSIGO" Exemplo "Não consigo treinar."	Estas palavras dão a idéia de incapacidade pessoal.	Use termos positivos e que expressem o que é desejado. Exemplos: "Não conseguia estudar muito tempo, agora eu decidi que vou conseguir."

Palavras e expressões que podem prejudicar o rendimento	Explicação ou razão da utilidade da substituição por palavras melhores	Palavras e expressões mais adequadas para serem utilizadas
Passado/Presente Exemplos "Eu não gostava dessa matéria." "Eu perco tempo com isso." "Eu não gostava de alongamento."	As idéias negativas e os problemas devem ser colocados no passado, que é o lugar a que eles pertencem. Libere o seu presente, construa o seu futuro.	"Eu tinha dificuldade nessa matéria." "Eu perdia meu tempo com isso."
"VOU MUDAR"	Traga o futuro para mais perto. Empregue as palavras de forma a que já indiquem o início da mudança.	"Estou mudando" ou "Mudei de pensamento". No segundo caso, a mudança de atitude deve ser acompanhada de mudanças de comportamento.
"SE EU FIZER"	Substitua "se", que é condicional, pelo "quando", que demonstra a meta ou objetivo.	"Quando eu fizer."
"EU GOSTARIA DE"	Substitua o condicional pelo presente	"Eu faço."

Nota: Essa tabela foi desenvolvida a partir de notas de aula de Seminário de Introdução à PNL, tendo como facilitadores Alberto Sterenberg e Eneide O. Costa. As observações e alguns exemplos são nossos. Essa tabela já existe no livro *Como passar em provas e concursos*, onde alguns exemplos foram adaptados para este livro.

Observações:

Vou tentar. Entenda que "tentar" é uma coisa boa. Como se diz, "quem não arrisca, não petisca". "Tentar" tem seu conteúdo de pioneirismo, fé, persistência e desbravamento. Ter um espírito empreendedor e disposição de tentar é muito bom. A possibilidade de falha sempre existe, só que não deve ocupar nossos pensamentos para não prejudicar nossa disposição. O que se quer evitar é que a pessoa, em vez de imaginar o que quer, imagine um insucesso ou apenas uma névoa à sua frente. Sempre visualize e imagine a vitória, o êxito, e busque isso. Se não conseguir o que quer nas primeiras tentativas, considere a tentativa como experiência e a utilize como mais um aliado. O "*vou tentar*" é ruim quando traz a idéia de "fazer por fazer", de fazer de qualquer jeito. Tentar é bom quando traz a idéia de esforço, coragem, disposição para enfrentar o desafio.

Vou fazer. Sempre devemos dosar nossa confiança e capacidade com doses de humildade e resignação com as dificuldades da vida.

Não posso/Não consigo. Conhecemos muita gente que usa essas expressões como desculpas para aquilo que não quer fazer. As palavras limitam o comportamento... ou o ajudam. Lembre-se disso.

Por falar em palavras mágicas... pais e professores também devem pedir desculpas

Um dos principais deveres dos pais é ensinar seus filhos a agir corretamente, com justiça, a evitar o cometimento de erros. Mas como errar é humano, muitas vezes pode acontecer de os pais cometerem injustiças, especialmente em relação aos filhos. Quando isso acontece, como os pais devem agir?

Ninguém está livre de fazer uma repreensão indevida ou acusar a criança com suposições e logo depois perceber que não houve o erro imaginado. Nesta hora, o que se deve fazer? Assumir o erro e pedir desculpas ou fingir que nada aconteceu, para evitar que você perca a autoridade por ter praticado uma injustiça?

Os pais devem pedir desculpas sempre que cometerem erros, pois isso será um aprendizado de vida. Os pais não devem deixar passar a oportunidade de se desculparem com os filhos. É um exercício saudável na construção de uma relação de confiança e credibilidade. Além do mais, corresponde a um ato de humildade e de justiça em relação aos filhos.

O grande medo dos pais é que, ao assumirem erros perante seus filhos, possam despertar, nas crianças, sentimento de injustiça e, o que é ainda pior, perder a confiança deles enquanto modelo de conduta. O medo de decepcioná-los faz com que muitos pais não corrijam as próprias falhas.

Cometer erros faz parte do ser humano. Os pais não são impassíveis de errar, e isso os filhos irão descobrir mais cedo ou mais tarde. Pais e filhos precisam aceitar que, muitas vezes, dependendo do local e das condições emocionais, os pais também estão sujeitos a cometer falhas, mas responsabilizar-se pelo ato é a melhor maneira de corrigir isso. Refletir, perceber o erro e desculpar-se é crescer junto e perante os filhos.

Para que as crianças entendam realmente o que aconteceu e não fiquem em dúvida com relação às atitudes dos pais, a conversa deve ser a mais franca e objetiva possível. Na hora de se desculpar, os pais devem ir direto ao assunto, sem rodeios, respeitando sempre o grau de maturidade e entendimento dos filhos.

Não há vergonha nenhuma nisso e essa atitude vai fazer com que os pais não se sintam culpados e as crianças vejam que são criadas com amor. Afinal, quem ensina os pais a serem pais, senão os filhos? E quem ensina os filhos a serem filhos, senão os pais?

POR QUE MEU FILHO ESTÁ AGINDO ASSIM?

A comunicação entre você e seu filho vai determinar parte do desempenho dele. Às vezes, a dificuldade pode ser fruto de nossa falta de habilidade. Se você não estiver entendendo o comportamento de seu filho, algumas pressuposições da (PNL) Programação Neurolingüística poderão ajudá-lo. Os textos em negrito são as pressuposições da PNL, disponíveis em qualquer bom livro sobre o assunto. O texto após são nossos comentários.

"O significado da sua comunicação é a resposta que você obtém, independente da sua intenção."

Boa parte daquilo que seu filho fizer ou disser é o resultado de como ele está entendendo o que você faz ou diz. A mudança na forma de você se comunicar é extremamente eficiente para fazer seu filho mudar o que ele faz ou diz.

"Resistência é um comentário sobre a inflexibilidade do comunicador."

A resistência de seu filho pode ser resultado de sua inflexibilidade. Seja rigoroso como a lei, mas flexível como a justiça.

"Todo comportamento tem uma intenção positiva."

O comportamento de seu filho tem uma intenção: busca suprir alguma necessidade dele. Se você prestar atenção e ouvi-lo, será mais fácil atender sua necessidade e resolver o problema. Interprete o comportamento de seu filho como uma tentativa de comunicação. Mediante seus atos, crianças e jovens tentam transmitir mensagens e informações que não sabem ou têm medo de expressar verbalmente. O comportamento, se bem observado, é fonte de comunicação e pode ser uma porta para uma conversa franca. Mesmo que eventualmente não *atenda* seu filho, você precisa ao menos *entendê-lo*.

Outras pressuposições da PNL úteis para atletas e estudantes

"Existem duas pessoas em todos nós: o Consciente e o Inconsciente."

"A natureza do Universo é a mudança."

"Se você fizer o que sempre fez, terá a resposta que sempre teve."

"Não há erro, só resultado. Não há fracasso, só experiência."

Com a palavra Diego Hypolito

Diego nasceu numa família humilde, mas conquistou seu espaço no esporte brasileiro porque até hoje recebe todo apoio da família e dos amigos.

"Eu vim de uma família muito humilde. Por mais que tenhamos oportunidades, sempre vivi em superação. A vida é uma superação, não apenas em competições. A minha vida será uma superação até quando eu tiver que sair. Cada fase da nossa vida é uma superação. E a superação tem que ter um lado positivo. Eu vivo cada momento da minha vida. Cada segundo eu tento aproveitar da melhor forma. Muitas vezes, não alcançamos a felicidade porque não queremos. Não sabemos ver a vida pelo lado positivo. Vejo muita gente falando 'ah, eu não tenho isso, sou infeliz por isso.' Se você parar para pensar, verá que, muitas vezes, a pessoa ao seu lado, vivendo nas piores condições que você, é muito mais feliz.

Às vezes, eu não tinha nem leite em casa. Quando viemos para o Rio, em 1996, foi muito difícil, não tinha noção das dificuldades. Logo no começo, não tinha condição nem de comprar café. E éramos muito felizes, apesar das condições. Por que não ser muito mais feliz agora quando não tenho que me preocupar se vai ou não ter o café? Hoje tenho condições de ter um supercafé da manhã, cheio de frutas; uma alimentação totalmente adequada. Hoje tenho a oportunidade de poder viver minha vida, ter um almoço decente. Eu tenho que puxar isso para me manter pelo resto da vida. Dinheiro vem e vai embora.

O pé no chão, a cabeça baixa. Hoje sou um campeão mundial, amanhã não se sabe. Esporte não é um ator. Não prezo minha imagem pela publicidade. Minha imagem aparece por causa dos resultados alcançados pela minha performance.

Meu corpo uma hora não vai agüentar. O Brasil precisa valorizar aqueles que conseguiram medalhas. Aqui, para o atleta se tornar um campeão, precisa ser um herói, como foram o Ayrton Senna, o Guga. O Brasil não sabe e não entende até hoje as dificuldades que cada atleta passa. Há atleta que vem aqui e não tem o dinheiro para passagem.

O esporte transforma a vida das pessoas, como transformou a minha vida e pode transformar a de milhares de pessoas. Só que para isso deve existir oportunidade. Eu vejo muitos estados no país que não têm a mínima condição de ter esporte porque não tem um ginásio, porque as prefeituras não investem. Se não partir do poder público... A partir do Pan 2007, vi que o governo investiu muito em esporte."

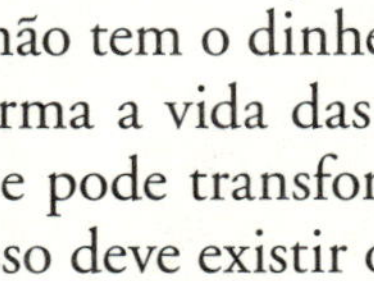

capítulo 8

O estudo

O ESTUDO E O ESPORTE

"O que importa não é a vitória, mas o esforço; não é o talento, mas a vontade; não é quem você é, mas quem você quer ser."

(anúncio da Reebok)

O estudo e o esporte são duas atividades necessárias para todos. Um atleta sem conhecimento não saberá aplicar o dinheiro que ganhar, causando com isso prejuízo em sua aposentadoria. Um intelectual que não pratique atividade física terá pouca saúde e todas as chances de ter sérios problemas, como um ataque cardíaco, por exemplo.

Desta forma, todos nós precisamos de um nível mínimo de estudo e de atividade física.

O esporte pode ser amador, para prazer e manutenção da saúde, ou a título profissional e competitivo. Cada um deve escolher qual o grau de envolvimento que terá com o esporte. Qual o investimento a ser feito.

Quanto à qualidade de vida, lembre-se de que saúde não é "não estar doente", mas sim estar bem. Se você leva uma vida sedentária, pode estar com alguma doença se desenvolvendo silenciosamente. Cuide bem de sua mente e seu corpo, pois é onde você vai viver toda a sua vida.

Em relação ao estudo, temos dois casos:

1. A criança, ou adolescente, que precisa da formação básica, ou seja, ensino fundamental e médio. A partir daí, tem lugar a universidade ou o ensino profissionalizante. No caso de atletas profissionais, pode até se admitir algum atraso no ingresso na universidade, mas mesmo assim não é o ideal. Lembremos que muitas carreiras no esporte são necessariamente curtas, devendo o atleta e seus mentores se prepararem para o futuro. Atletas

de todos os níveis e qualquer jovem devem estudar para ter uma profissão.

2. Pessoas que já possuem uma vida profissional. Elas, além de constante aperfeiçoamento naquilo que fazem, podem ter alguma outra atividade intelectual ou cultural, como a leitura, cursos avulsos, fazer uma faculdade ou segunda faculdade. Aqui, a intenção é usar o cérebro, colocá-lo em contínuo desenvolvimento, até porque está provado que quanto mais usarmos o cérebro mais saúde vamos ter. Pessoas que continuam estudando, lendo, pensando, têm menos problemas de saúde. A mente se atualiza, o corpo se renova. A longevidade do cérebro é maior quando o utilizamos. Como já foi dito, "o cérebro é como o pára-quedas: só funciona quando está aberto".

Qual a função de pais e professores em relação ao estudo?

Pais e professores devem levar os filhos e alunos à consciência de que ninguém vive sem um mínimo de estudo. Assim, não se pode deixar que algum pequeno atleta deixe de lado os estudos por causa de sua "carreira" esportiva. Isso teria um pesado custo no futuro.

Se o seu filho não tem grandes projetos esportivos, precisa praticar alguma atividade física e estudar para conseguir seu lugar ao sol quando chegar à fase adulta.

É importante, no estudo, o esforço, a dedicação e o talento. Os talentos inatos têm alguma vantagem, pois os gênios têm maior facilidade de aprendizado, mas só o talento não funciona sem esforço. Gênios ou pessoas normais, para se tornarem futuros bons profissionais dependem de disciplina e persistência.

O lado bom disso é que mesmo que seu filho não tenha um dom inato para o estudo, nem um quociente de inteligência acima da média, a disciplina e estudo constante e adequado poderão levá-lo a excelente situação profissional.

Técnicas de estudo

O grande segredo do estudo está em aprender a aprender, aprender a estudar e aprender a fazer provas. Existem técnicas que podem fazer seu filho render mais no estudo e a se sair melhor nas provas a que se submeter. Técnicas estas ao alcance de todas as pessoas.

Vamos mencionar o mais importante para você saber sobre o estudo de seu filho.

1. Motivação continua sendo ponto essencial — Gostar de aprender, aprender a gostar de estudar.
2. Seu filho precisa saber por que motivos, afinal, está estudando.
3. É preciso separar bem o horário de estudo e de lazer.
4. Na hora de estudar, estudar.
5. A qualidade no estudo é ainda mais importante do que a quantidade no estudo.
6. O estudo rende mais para quem estuda e treina (fazer provas, exercícios etc.).
7. Fazer provas deve ser visto como algo normal, cujo resultado depende de como nos preparamos. Ser posto à prova é como ser visto através de um buraco de fechadura: temos que nos mover para que possamos ser totalmente vistos.

Aprender a aprender

Qualquer atividade humana possui uma parte teórica e outra prática, um conhecimento técnico bipartido: saber o que é e saber fazer são coisas diferentes. Como exemplo, veja-se a construção de um prédio: há coisas que apenas o engenheiro poderá fazer (cálculos etc.), mas outras há nas quais um mestre-de-obras é insubstituível. Conhecer as regras de produção de uma tese e as regras de redação não são garantia de que a tese sairá boa.

Saber fazer provas é diferente de saber a matéria. A realização de uma prova, exame, entrevista, vestibular, concurso público também possui seu *know how* específico, seu modo ideal de fazer. O conhecimento funciona como se fosse uma ferramenta, mas as técnicas de estudo e de realização de uma prova dizem como utilizar essa ferramenta. Uma coisa é saber a matéria, outra é saber como usá-la; uma coisa é saber a resposta, outra é saber comunicá-la. Um aluno que saiba 50% da matéria e 20% de como usá-la em provas e transmiti-la terá mais sucesso do que aquele que sabe 100% da matéria mas não sabe transmitir esse conhecimento. Quem não conhece uma pessoa que sabe muito mas vive tirando notas baixas?

Portanto, peça — na escola de seu filho — para que haja algum trabalho específico ensinando as crianças ou jovens a estudar e a fazer provas.

Saber o que é e saber fazer são coisas diferentes

Raciocínio ou Repetição, Decorar ou Memorizar

Uma das primeiras modificações que precisamos fazer é substituir a idéia de repetir o que é ensinado, numa posição passiva de estudo, e começar a raciocinar sobre a matéria, adquirindo uma posição ativa ou, como dizem alguns, proativa. Não devemos querer decorar, mas sim, através do aprendizado, memorizar o essencial, as regras básicas, e, assim, sobre essa base, utilizar nosso raciocínio. É preciso mudar a atitude!

De fato, uma das principais falhas do sistema de ensino é a falta de preocupação com o raciocínio, a imaginação, a criatividade e o espírito crítico. Ainda se ensina a criança a ser como uma peça numa grande máquina, apenas uma engrenagem: passiva e com uma única função. Ocorre que a fase da industrialização já passou: hoje nem mesmo nas fábricas se pensa assim. Nos colégios, a preocupação é muitas vezes entulhar matéria na cabeça do aluno ao invés de ensiná-lo a se comunicar e a pensar. Esta falha de formação (a escola informa, não forma) ocorre em quase todos os lugares. Incentive seu filho a pensar e raciocinar e indague na escola qual é a forma de trabalho que ela adota.

Itens importantes no estudo

Silêncio — Quanto mais tranqüilo o local, melhor. Pode ser sua casa, escritório ou até uma biblioteca. Quanto menor o número de pessoas, melhor (principalmente se elas forem atraentes...). Um local com muitos atrativos, bate-papo etc. em geral não se prestará para o estudo.

Local de estudo — Locais muito confortáveis (camas, sofás) são um convite a outros prazeres que não o estudo. Providencie uma mesa com cadeira ergonômica, boa iluminação e espaço suficiente para os livros e os cadernos que serão utilizados.

Intervalos — A realização de intervalos é uma forma de aumentar o rendimento, pois eles ajudam a recuperar a capacidade de assimilar os conhecimentos. Uma pausa dosada é um fator de otimização do aprendizado. Veja qual a melhor forma para o intervalo de seu filho, pois cada um tem sua individualidade e seus próprios limites. Há quem prefira uma hora de estudo por 15 minutos de intervalo, ou 50 minutos de estudo por 10 de intervalo. Essa relação não é fixa. Veja em qual você e seu filho se enquadram melhor. O mais importante é você observar e indagar de seu filho o melhor modo para ele relaxar.

A importância do intervalo decorre do fato de que após um certo período de estudo contínuo passa a haver uma queda na curva do aproveitamento. Logo que você começa a estudar, seu cérebro vai "aquecendo", você vai se concentrando e chega a um estágio ideal de rendimento. Depois de ficar nesse estágio por certo tempo, a tendência é começar a ocorrer uma queda lenta e contínua. Os intervalos servem para que se "quebre" esse ciclo de baixa. Com alguns minutos de relaxamento/descanso o estudante é capaz de voltar para um bom nível de captação da matéria.

MÚSICA — A única música recomendável para a hora do estudo é a erudita, comumente chamada de clássica. Está provado que ela facilita o aprendizado. As demais causam perda de concentração e devem ser evitadas. Leve seu filho a separar a hora de estudo, cuidando da concentração, e a hora de lazer, em que escutará as músicas que desejar.

As provas do seu filho

Os pais devem mostrar a seus filhos que provas no colégio não são monstros nem "bicho-papão". Infelizmente, é comum ansiedade e estresse nos períodos de prova, seja por ameaças de punições em caso de notas ruins, seja pela equivocada impressão de que prova é algo ruim.

Procure mostrar a seu filho que provas são parte natural da vida e que não devem ser temidas. Podemos aprender a fazer bem as provas e a melhor forma de começar é estudar regularmente. A prova ou vai mostrar o que ele está produzindo, e se esta produção é satisfatória, ou não. É uma amostragem, um registro, uma fotografia de um estado, de um momento.

Um colégio do Nordeste parou de avisar aos pais quando haveria provas para evitar o aumento de pressão e o estresse entre os alunos. O resultado: houve melhora no desempenho daqueles alunos.

Nós, pais, devemos caminhar nos equilibrando entre o descaso e a pressão excessiva, entre não olhar as notas do filho e querer que elas sempre sejam as maiores da sala ou do colégio.

Com a palavra Geni Hypolito

"No esporte e nos estudos, a chave do sucesso é a disciplina. A criança tem que ter hora para estudar. Desde criança eu ia para a escola e também para a lavoura com meus pais, em Uniflor, no interior do Paraná. Mesmo depois de começar a trabalhar como professora do ensino fundamental, eu ia à tarde para a lavoura de café para ajudar meus pais. Uma família precisa ser unida em todos os momentos que puder. Depois que casei, mudei para Santo André (SP), onde nasceram meus três filhos, Diego, Dani e Edson. Nenhum deles me deu trabalho na escola. Sempre consideramos o estudo muito importante. A educação faz parte da vida. Sem o estudo, o que você vai fazer da sua vida? Meus filhos sempre estudaram em boas escolas públicas. O aluno também faz a escola.

Mas também eu sempre fui uma mãe bem presente na vida dos meus filhos e sempre acompanhei de perto a vida escolar deles. Afinal, eu sou professora. Não poderia deixar de dar essa atenção especial a eles. Eu tinha as tarefas domésticas, meus trabalhos de estética em casa (manicure, pedicure e cabelo), mas sempre tirava uma hora por dia para ajudar meus filhos na escola. Sempre tive muitos compromissos, mas esse tempo era sagrado, de acompanhá-los. Eu levava e buscava na escola e acompanhava o rendimento escolar deles. Depois que iniciaram a carreira de atleta, eles continuaram estudando ao mesmo tempo. O atleta tem que estudar. O estudo tem que fazer parte da vida da pessoa. O Edson se formou em Educação Física. O Diego e a Dani (que estuda fisioterapia) trancaram a matrícula na faculdade por causa dos treinos, mas vão retornar, tenho certeza."

capítulo 9

Considerações finais

AFINAL, O QUE É VITÓRIA MESMO?

"Quero fazer algo de especial.
Todo ano alguém ganha o título.
Eu quero ir além disso."
Ayrton Senna

A sociedade exige das pessoas sucesso total e integral o tempo todo, em tudo. Pior, em geral se pensa que sucesso é estar na capa das revistas, vencendo todas as competições, muito dinheiro, com o parceiro amoroso mais lindo do mundo, sem problema nenhum etc.

Muito interessante... mas irreal.

Ninguém está sempre na crista da onda, e você mesmo já sabe, todo o mundo tem problemas. Cada um com os seus.

Desejamos que seu filho seja o melhor atleta de todos os tempos ou o profissional mais bem-sucedido do mundo. Realmente desejamos. A chance de isso acontecer, porém, é muito pequena. Pequena porque existem poucas vagas no topo de cada modalidade esportiva e de cada atividade intelectual.

Assim, se seu filho não estiver lá, nós vamos entender perfeitamente e, mais, não vamos nos preocupar. O que realmente nos preocupa é como o seu filho estará; se estará feliz, alegre, satisfeito.

Você se lembra da última vez em que fez a pergunta:

Como você está, meu filho?

Mas só vale se você perguntou verdadeiramente, com franqueza, dando ao seu filho tempo e liberdade para *realmente* responder à pergunta. Não pode ser igual aquele famoso "*passa lá em casa para tomar um cafezinho* ", que todo o mundo sabe que é só para constar.

As impressões que seu filho tem do mundo precisam ser expressas com calma, com coerência. Pergunte a ele o que ele sente, o que pensa e o que pretende fazer. Ouça-o. E, se possível, toque-o.

Tanto nos esportes quanto na vida profissional tradicional, vinculada ao estudo de uma profissão, todos têm um período de aprendizado, um de crescimento e maturação, um auge e um momento de declínio. É muito raro alguém que não passe por essas fases. Os atletas e os grandes executivos se aposentam! É preciso saber levar com resignação e sabedoria cada um desses momentos, sabendo que cada um deles tem sua graça e seu lado difícil.

Se as fases de aprendizado e desenvolvimento forem bem feitas, a tendência é que seu filho tenha um período altamente produtivo, onde colherá frutos e terá a chance de preparar-se para a fase seguinte, quando deixará de estar no topo, e ao ocorrer isso terá ele, inclusive, mais tempo e condições para aproveitar a vida, os filhos, netos, as coisas que gosta de fazer. Nesta fase final, muitos viram técnicos, professores ou algo semelhante, vão descansar ou até dão uma guinada para experimentar algo novo.

Esperamos que na fase de maturação seu filho ganhe muitos títulos e medalhas. Sejam títulos esportivos ou intelectuais, como um mestrado, doutorado etc. Contudo, isso tem que ser visto numa perspectiva global.

Em todas as fases da vida há problemas e dilemas a enfrentar. As fases e os problemas mudam, mas é constante a existência de coisas boas e más na vida de todo o mundo. Uns têm mais sorte, outros não. Mas todo o mundo está num único barco.

Qualquer que seja a situação, procure estar ao lado de seu filho, procure ser um suporte para seu aluno. Muitas vezes, um ombro amigo ou um abraço já bastam.

Para nós, os autores, vitorioso será aquele que conseguir passar da melhor forma possível pelas quatro grandes fases da vida ou de um projeto:

1. Aprendizado
2. Crescimento e maturação
3. Sucesso
4. Aposentadoria e/ou alteração de atividade

A grande vitória é saber aproveitar a fase presente para que a próxima seja a melhor possível. Isto vale mais que um campeonato mundial, um ouro olímpico, uma presidência de grande empresa, um prêmio Nobel ou um título de PhD. O melhor atleta, e o mais inteligente dos humanos, é aquele que aprende a ser feliz.

> "Tolerância é uma palavra importante nessa travessia. Passei a aceitar melhor os erros das pessoas, e os meus próprios."
>
> Lars Grael

Uma rápida história

Existe uma história que conta a respeito de um pai muito rico e seus dois filhos: um era obediente ao passo que o outro se rebelou, saiu de casa e, tempos depois, voltou em situação de fracasso e sem saber o que fazer. Esta história pode servir para extrair algumas lições sobre pais e filhos. Vamos a ela:

Um certo homem tinha dois filhos; e o mais moço deles disse ao pai:

— Pai, dá-me a parte dos bens que me pertence.

Então, o pai repartiu a fazenda entre eles. Poucos dias depois, o filho mais novo, ajuntando tudo, partiu para uma terra longínqua, e ali desperdiçou os seus bens vivendo dissolutamente. Havendo ele gastado tudo, houve naquela terra uma grande fome, e ele começou a padecer de necessidades. Chegou-se, então, a um dos cidadãos daquela terra e este o mandou para os seus campos, a apascentar porcos. Desejava ele encher o seu estômago com as bolotas que os porcos comiam e ninguém lhe dava nada. Caindo em si, o filho disse: "Quantos empregados de meu pai têm abundância de pão e eu aqui pereço de fome! Levantar-me-ei e irei ter com meu pai, e dir-lhe-ei: Pai, pequei contra o céu e perante ti. Já não sou digno de ser chamado teu filho; faze-me como um dos teus empregados."

Assim sendo, voltou para sua terra, para a casa de seu pai e quando ainda estava longe, viu-o seu pai, e movendo-se de íntima compaixão, correu e lançou-se-lhe ao pescoço e o beijou.

E o filho lhe disse:

— Pai, pequei contra o céu e perante ti, e já não sou digno de ser chamado teu filho.

Mas o pai disse aos seus servos: "Trazei depressa a melhor roupa; e vesti-lho, ponde-lhe um anel na mão e alparcas nos pés. Trazei o bezerro cevado e matai-o; comamos e alegremo-nos; porque este meu filho estava morto e reviveu, tinha-se perdido e foi achado." E começaram a alegrar-se.

O seu filho mais velho estava no campo. Quando veio, e chegou perto de casa, ouviu a música e as danças. Chamando um dos servos, perguntou-lhe que era aquilo. E ele lhe disse: "Veio teu irmão e teu pai matou o bezerro cevado, porque o recebeu são e salvo." Mas o filho mais velho se indignou e não quis entrar.

E saindo o pai, insistia com ele. Porém, disse ele ao pai:

— Eis que te sirvo há tantos anos, sem nunca transgredir o teu mandamento, e nunca me deste um cabrito para alegrar-me com os meus amigos. Vindo, porém, este teu filho, que desperdiçou os teus bens com as meretrizes, mataste-lhe o bezerro cevado.

E ele lhe disse:

— Filho, tu sempre estás comigo e todas as minhas coisas são tuas. Mas era justo alegrarmo-nos e folgarmos, porque este teu irmão estava morto e reviveu; e tinha-se perdido e achou-se.[*]

[1*] Bíblia Sagrada. Livro de Lucas, Capítulo 15: 11-32.

A primeira lição que podemos extrair desse texto é que filhos são diferentes uns dos outros. Os pais devem olhar cada um como indivíduo, com qualidades e defeitos próprios, que os tornam especiais. O diferente não é errado. O poder dos pais é a herança a ser distribuída entre os irmãos, mas sem justiça não há paz.

O filho rebelde

Que levou esse filho a querer sair de casa? Será que foi o excesso de rigor? Ou as constantes comparações que recebia com seu irmão? A parábola não esclarece... mas são boas perguntas. Que faz um filho querer sair de casa?

Além desses questionamentos, ainda temos mais um: será que o pai conversou com o filho quando ele resolveu ir à vida? Também não sabemos. Por outro lado, o fato é que o pai teve o mérito de separar o que seria a herança do filho e deixá-lo livre para seguir seu caminho. Vemos que esse pai, como qualquer outro, tem pontos positivos e negativos. Ele respeitou o filho, não ficou aferrado ao materialismo (entregou o que seria a "parte" do filho) e deixou ele seguir seu caminho. Talvez tenha faltado um pouco de conversa, mas esse pai, com certeza, acertou em algumas de suas atitudes.

Outro ponto extremamente positivo desse pai foi sua reação quando o filho voltou. Certamente o rapaz tinha dado motivos para ganhar uma enorme bronca... e estava esperando por ela. O pai, contudo, venceu a tentação de humilhar e ofender o filho, que já estava alquebrado. A opção do pai foi receber o filho com amor. Sabendo que tinha errado, esse filho queria, quando muito, ser tratado como um empregado. O pai, todavia, recolocou-o no lugar de filho, aceito e amado. Essa lição de perdão e aceitação, de amor e paciência, deve iluminar todos os pais e professores.

Quando seu filho, reconhecendo que errou, chegar perto de você cabisbaixo, tente se lembrar do exemplo daquele pai que, tendo todos os motivos para um "sermão" e um bom castigo, fez a opção pelo abraço e por entender que o filho que "estava perdido" tinha sido "achado". Os filhos devem sempre contar com os pais, porém como contar é verbo de múltiplos significados, é importante que, quando quisermos que nossos filhos contem conosco (no sentido de ajuda, de mais um), devemos levá-los a contar (no sentido de narrar) seus desejos e aflições.

> Ache seu filho.

O filho comportado

Essa parte da história é muito interessante. O irmão que tinha sido bom filho, e obediente, sentiu ciúme, muito ciúme. "Como é que o filho mau estava recebendo tanta honra? Tantos presentes?"

Ele chegou mesmo a não querer participar da festa de recepção, ficando do lado de fora. Ficamos imaginando o que ele devia estar pensando a respeito: "Qual a vantagem em ser bom filho?" Afinal, o argumento de que "ser bom filho não é mais que obrigação" é tecnicamente perfeito, mas funciona muito pouco na prática.

O pai, mais uma vez, merece crédito por procurar o filho e conversar com ele, tentando convencê-lo de que a volta do irmão devia ser comemorada.

Mas fica a pergunta: será que aquele pai não falhou em explicitar seu amor ao filho obediente antes desses acontecimentos?

Veja o diálogo:

"E saindo o pai, instava com ele. Mas, respondendo ele, disse ao pai: Eis que te sirvo há tantos anos, sem nunca transgredir o teu mandamento, e nunca me deste um cabrito para alegrar-me com os meus amigos. Vindo, porém, este teu filho, que desperdiçou os teus bens com as meretrizes, mataste-lhe o bezerro cevado.

E ele lhe disse: Filho, tu sempre estás comigo, e todas as minhas coisas são tuas..."

Pensamos que esse pai deveria ter oferecido festa, ou o bezerro ou cabrito para um churrasco, antes. Talvez tenha faltado a ele a habilidade para mostrar ao filho obediente o quanto ele era apreciado.

Para os filhos, o amor e a aceitação subentendidos, implícitos, não bastam. É preciso conversa e explicitação. Elogios devem ser explícitos, atos de amor e aceitação devem ser evidentes, claros.

Gostamos de imaginar que aquele pai e seus dois filhos seguiram adiante, aprendendo e amadurecendo o relacionamento entre eles, com mais conversa e com o ensino que esse episódio proporcionou.

A história nos alerta para tratar nossos filhos, obedientes ou rebeldes, com amor, a conversar mais com eles e a deixar claro o quanto são amados. Precisamos aprender a tratar nossos filhos, sejam bons ou maus, para que tanto uns quanto outros, conforme o caso, possam crescer pessoal e profissionalmente.

Freud dizia que na vida três tarefas são impossíveis: *educar, ensinar, psicanalisar.* Mas houve um poeta, Jean Cocteau, que disse: "E não sabendo que era impossível, ele foi lá e fez." Acreditamos ser esta a visão de pais, de educadores em geral. Como diz a psicóloga Tânia Fróes:

> "Pintamos portas em paredes, e atravessamos as paredes como quem abre portas. Assumimos o espanto, encaramos o futuro pela lente do presente, fugimos do susto, mergulhamos em angústias, emergimos agarrados aos medos, prendemos a respiração para aprendermos a ter fôlego."

Nosso voto é que você possa ser um bom pai, mãe ou professor. Sabemos que é o que você quer, e sabemos que pode conseguir. Mas este é um jogo no qual nós, autores, só podemos dar algumas dicas e contar algumas experiências e lições apreendidas nestes anos de intenso convívio com alunos e atletas em formação.

O jogo de que participam você e seu filho, ou aluno, é um jogo só de vocês. E é daqueles jogos onde todo mundo sai ganhando. Bom jogo!

Talvez você esperasse um outro final para este livro. Felizmente este livro não acaba. Ele é só um grão pequenino na sua história com seu filho. Claro, nós estamos à sua disposição para conversar sobre o assunto, através da página da editora (www.thomasnelson.com.br), mas o assunto não acaba. Como ajudar seu filho a ser um vencedor é assunto seu com ele enquanto vocês dois estiverem por aqui, neste planeta azul, em forma de bola.

Entrevista com Geni Hypolito

Entrevista com Geni Hypolito, mãe de Diego e Daniele Hypolito.

Como uma mãe ou um pai podem ajudar seus filhos a se tornarem campeões?

Os pais têm que apoiar os seus filhos, estimular. Nos momentos mais difíceis, incentivar e estar presentes, mostrando que eles devem lutar por si mesmos.

Devem orientá-los principalmente dando bons exemplos, comparando situações boas com situações ruins e mostrando como é melhor fazer o que é certo.

A Sra. fala muito em Deus. A Sra. acha importante que os valores religiosos e de fé sejam transmitidos aos filhos? E acha que a fé é importante nessa jornada?

A fé move a mão de Deus. Deus é amor e amor é vida, prosperidade. Se não acreditarmos em Deus, em quê acreditaremos?

Os meus filhos sempre oram antes de competir. Eles consagram os aparelhos e as competições para Jesus. Isso é uma força muito grande. Se a Dani não tivesse essa força em Deus, ela não teria conseguido superar tudo o que passou.

Nossa família toda ora por eles e os consagra a Deus. Temos 8 padres e 1 pastor em nossa família.

As medalhas que eles acabaram de ganhar foram dedicadas a Deus por eles e por nós.

Qual a importância do técnico para o desenvolvimento do atleta? E o Renato em particular, como é o relacionamento dele com o Diego? A amizade é importante?

O técnico acaba sendo como um segundo pai para o atleta. Faz parte da família, acaba tendo a mesma importância que a família. Eles vivem mais tempo com os nossos filhos do que nós mesmos.

Eu acredito muito no Renato. Eu não tenho nem palavras para descrever o que ele é para o Diego. Não sei... irmão, pai.

Quando o Diego estava em Curitiba, ele foi para lá dar apoio. Ele é a vida do meu filho. É parte muito importante. É amigo, companheiro, irmão. O Diego afirma que, quando o Renato fala para ele fazer, ele faz, acontece. Existe admiração, respeito. É um relacionamento de amor.

As medalhas são 100% Diego e 100% Renato.

A Sra. acredita que qualquer criança, de qualquer nível socioeconômico pode começar na ginástica? A Sra. daria algum conselho para os mais humildes?

Nós viemos de uma família muito humilde. O que eu digo é: Pais, não poupem esforços, sacrifícios. Vale a pena! Os filhos devem entrar no esporte.

Exige muita luta e determinação, mas ele vai dar uma condição melhor para os seus filhos. Só que não basta determinação só dos filhos, eles precisam da presença dos pais. Os pais têm que ter a mesma determinação e segurar na mão dos seus filhos. Sempre com humildade, dignidade, ensinando-os a não passar por cima de ninguém.

É preciso agir com amor. Sempre com amor e com cada um dando o melhor de si.

Quais as dificuldades mais comuns dos filhos no esporte? Como lidar com elas?

Acho que o mais difícil na vida do atleta, sem dúvida, são as lesões, porque a recuperação é muito lenta. Eles têm vontade de desanimar. É nessa hora que os pais têm que estar mais perto, dando apoio, estímulo e, o mais importante, amor.

Já passamos muitas dificuldades financeiras, mas superamos todas. Agora, o que eu sempre digo é que se você perde um campeonato com saúde, tudo bem, não tem problema, porque no próximo ganha a medalha. Não é fácil quando o atleta se machuca; talvez ele nem participe dos próximos campeonatos; é muito difícil e lenta a recuperação.

Quando meus filhos se machucaram, eu fui a primeira a correr, ver os melhores médicos (...) Nessa hora é que eles mais precisam de mim. Se eu tiver que abrir mão da minha vida pelos meus filhos, eu faço. Se eles estão bem, eu não fico em cima, agora, quando não estão, eu estou sempre presente dando apoio.

Mais algum ponto que gostaria de deixar registrado?

Que o mundo de hoje está muito difícil, então os pais têm que estar sempre perto dos filhos, orientando-os para andarem no caminho do bem. Orientar e educar com respeito os filhos para que eles também nos respeitem.

Se eu tivesse que passar novamente por tudo o que passei, eu passaria. Eu faria tudo de novo. Aliás, dessa vez eu tentaria fazer melhor.

Este livro foi composto em fonte Agaramond 12/14 e
impresso pela Gráfica Ediouro sobre papel Pólen Bold 90g
para a Thomas Nelson Brasil em maio de 2008.